学校体育教育与
高水平运动队训练管理研究

张 雷◎著

中国水利水电出版社
www.waterpub.com.cn
·北京·

内 容 提 要

　　本书首先对学校体育教育的历史和发展进行了剖析,接着对学校体育教育理论与系统进行了分析,然后对学校体育教育管理与实践进行了研究,在此基础上,对高水平运动队训练管理的相关理论与实施进行了阐述,最后对我国高校高水平运动员的培训与管理进行了探索。

　　本书语言简练、结构清晰、内容丰富,系统性、时代性、创新性等特点显著,具有非常高的参考和借鉴价值。

图书在版编目(CIP)数据

　　学校体育教育与高水平运动队训练管理研究/张雷著.—北京:中国水利水电出版社,2017.11 (2024.1重印)
　　ISBN 978-7-5170-6041-3

　　Ⅰ.①学… Ⅱ.①张… Ⅲ.①体育教学－教学研究－高等学校②运动队－运动训练－教学研究－高等学校
Ⅳ.①G807.4

　　中国版本图书馆 CIP 数据核字(2017)第 281280 号

书　　名	学校体育教育与高水平运动队训练管理研究 XUEXIAO TIYU JIAOYU YU GAO SHUIPING YUNDONGDUI XUNLIAN GUANLI YANJIU
作　　者	张 雷 著
出版发行	中国水利水电出版社 (北京市海淀区玉渊潭南路 1 号 D 座 100038) 网址:www. waterpub. com. cn E-mail:sales@waterpub. com. cn 电话:(010)68367658(营销中心)
经　　售	北京科水图书销售中心(零售) 电话:(010)88383994、63202643、68545874 全国各地新华书店和相关出版物销售网点
排　　版	北京亚吉飞数码科技有限公司
印　　刷	三河市天润建兴印务有限公司
规　　格	170mm×240mm　16 开本　13.5 印张　175 千字
版　　次	2018 年 9 月第 1 版　2024 年 1 月第 2 次印刷
印　　数	0001—2000 册
定　　价	44.00 元

前　言

当前,经济发展迅速、政治局面稳定,先进科学技术不断改进,这些都为体育事业的发展创造了良好的环境。体育事业的发展意义重大,仅仅依靠国家政策的支持是不能保证其发展成效的,学校体育教育也是不可或缺的重要推动因素。可以说,学校是培养和输送体育运动人才的重要基地,从某种程度上说,学校体育教育状况好坏,会对体育事业的发展起到决定性的影响,因此,高度重视并加强学校体育教育是当前,也是今后的一个重要研究课题。

作为学校教育的重要组成部分,学校体育教育已经得到了较好的发展,比如,体育课程的开设、体育场地设施的完善以及相关教育体系的建立等均取得了一定的教育成果。但是,这是远远不够的,从国家体育总局发布的《2014 年全民健身活动状况调查公报》中可以得知,20 岁及以上人群中有 56.5％的人通过自学的方式掌握体育锻炼技能,只有 19.9％的人受益于学校教育。由此可以看出,学校体育教育中还存在着较大的不足,没有将其应有的作用充分发挥出来,这也对体育事业的发展和学生健康水平的提升产生了一定的制约作用。另外,部分学校中设有运动队,将学校中体育运动水平较高的学生集结在一起进行集中训练,这对于体育人才的选拔以及带动学生积极参与到学校体育活动中起到积极的促进作用,能够有效推动学校体育教育的开展。鉴于此,特意撰写了本书,希望能够为学校体育的广泛开展和体育事业的可持续发展提供必要的依据和支持。

本书的亮点主要体现在如下三个方面。

（1）结构明了，条理清晰。本书的内容主要分为两个部分，一是学校体育教育方面的，二是高水平运动队训练管理方面的。两个部分的内容是分别进行探索和阐述的，能够使读者对本书的结构做到一目了然。

（2）立意新颖独特，与现代社会的需求相适应。之前，关于学校体育教育和高水平运动队训练管理的研究，基本上都是针对其中一方面进行的，而本书则将这两个方面有机结合在一起，这在当前的相关研究中是标新立异的，也是本书的主要特点之一。

（3）用发展的眼光分析问题。本书在对学校体育教育和高水平运动队训练管理的基本理论进行剖析的基础上，加入了一些创新性和时代性较强的知识点，比如，学校体育特殊教育方面的探讨、高水平运动队训练管理体制与机制方面的创新等。这些都为本书增添了一抹鲜明的特色。

总的来说，本书通过简练的语言、系统的结构、丰富的知识点，将传统与创新结合起来，对学校体育教育与高水平运动队训练管理进行了全面且深入地剖析和研究，同时，也充分体现出了科学性、系统性、实用性、时代性、创新性等显著特点。由此可以看出，本书是一本非常值得参考和借鉴的专业学术著作。

本书在撰写过程中，参考并借鉴了相关专家学者的研究成果和观点，在此表示最诚挚的感谢！另外，由于时间、精力有限，书中不足之处，敬请广大读者批评指正！

作　者

2017 年 9 月

目　录

第一章　学校体育教育的历史沿革与发展 ┄┄┄┄┄ 1

　　第一节　体育教育的产生与进程 ┄┄┄┄┄┄ 1

　　第二节　我国学校体育教育的现状分析 ┄┄┄ 10

　　第三节　学校体育教育的未来发展展望 ┄┄┄ 18

第二章　学校体育教育理论与系统分析 ┄┄┄┄┄┄ 25

　　第一节　体育教育相关概念辨析 ┄┄┄┄┄┄ 25

　　第二节　体育教育的结构与功能 ┄┄┄┄┄┄ 27

　　第三节　体育教育的载体分析 ┄┄┄┄┄┄┄ 32

　　第四节　体育教育的执行过程分析 ┄┄┄┄┄ 38

第三章　学校体育课程教学体系建设与分析 ┄┄┄ 48

　　第一节　学校体育教学理念的更新 ┄┄┄┄┄ 48

　　第二节　学校体育教学目标的确定 ┄┄┄┄┄ 57

　　第三节　学校体育教学内容体系 ┄┄┄┄┄┄ 64

　　第四节　学校体育教学方法体系 ┄┄┄┄┄┄ 73

　　第五节　学校体育教学模式体系 ┄┄┄┄┄┄ 81

　　第六节　学校体育教学评价体系 ┄┄┄┄┄┄ 86

第四章　学校体育教育管理与实践研究 ┄┄┄┄┄ 98

　　第一节　学校体育教育管理的目标与依据 ┄┄ 98

　　第二节　学校体育教育管理的方法 ┄┄┄┄┄ 100

第三节　学校体育教学活动管理 ························· 101

第四节　学校体育教育经费管理 ························· 103

第五节　学校体育教育活动主体管理 ················· 108

第五章　学校体育特殊教育研究与探讨 ················· 121

第一节　体育特殊教育概述 ························· 121

第二节　体育特殊教育的理念 ························· 122

第三节　体育特殊教育教学设计与实施 ················· 126

第六章　高水平运动队训练管理的理论与实施研究 ········· 143

第一节　运动训练管理概述 ························· 143

第二节　高水平运动队训练管理的原理、

内容与方法 ························· 145

第三节　高水平运动队训练管理的体制与机制创新 ··· 159

第四节　高校高水平运动训练管理的绩效与评价 ······ 162

第七章　我国高校高水平运动员的培训与管理研究 ········· 164

第一节　高水平运动员的选材 ························· 164

第二节　高水平运动员训练计划的设计与组织 ········· 169

第三节　高水平运动员综合能力训练与管理 ··········· 174

第四节　高水平运动员医务监督与伤病管理 ········· 183

第五节　高水平运动员运动营养安全管理 ············· 189

参考文献 ··· 207

第一章 学校体育教育的
历史沿革与发展

体育自从成为我国学校教育的一个组成部分之后,经历了不断的发展和变革,并且学校体育教育的发展都同当时社会发展有着非常紧密的联系。本章就学校体育教育的历史沿革与发展进行研究,内容包括体育教育的产生与进程、我国学校体育教育的现状分析以及学校体育教育的未来发展展望。

第一节 体育教育的产生与进程

一、体育教育的产生

体育来源于人类长期的生产实践,它一直伴随着人类的发展而发展。后来人们给体育加入了更多元素,使之成为具有更多功能的事物,如教育功能、生存功能、军事训练功能和竞技功能。体育的存在逐渐形成了体育文化,而体育文化也是人类文化的重要组成部分。因此,随着文化的发展,文化下属的子文化也会随之获得发展的机会。我国的华夏文明源远流长,文明中所蕴含的文化种类多种多样,其中也包括传统体育文化。我国自古便开展了有关体育运动的实践及研究,并最终使得体育运动成为我国的优秀文化遗产之一。

体育的传承需要体育教育的存在,从某种程度上说,体育教育也可以用来作为评判社会文化发展的标尺。但是必须承认的是,我国体育文化在历史中的很长一段时期内都不是主流文化,甚至遭到人们普遍的鄙视和不屑。另外,我国古代体育文化由于受地域因素影响,表现出了更多的封闭性、区域性等特点,从不同的文化价值观和规范方面来看,不同区域诞生的区域性体育文化往往差异极大,不具有普遍性特征,因此对于传承来说有一定困难。

(一)我国文明孕育下的体育教育

我国是一个文明古国。在我国的文明理念中,自古就对教育异常重视。尽管从总的历史来看,我国的教育内容重点放在了学科教学(文学、哲学、医药、理政)方面,但这并不是说体育教育就一无是处。

时至今日,现代体育已经为我国带来了较多利益,这与我国自古就以农业为立国之本的国家产业性质有关。从文献记载中来看,早在我国夏朝时代就已经在教育中出现了体育教育的内容,如夏代已有称为"校""序""庠"(音 xiang)等不同名称的学校;商代又出现了"大学"和"庠"两级施教的学校教育;西周时,学校又有了发展,分为"国学"和"乡学"两种,这些学校均是为奴隶主贵族子弟设立的,是培养统治者和官吏的学校。在我国古代社会中,教育是一种隶属于等级地位较高的社会阶级垄断的,寻常百姓很难获得平等的教育资源和机会,实际地说甚至无法支付教育所需的费用。奴隶制度时期,贵族子弟学校的教育内容是礼、乐、射、御、书、数,称为"六艺"。而"六艺"中的"射、御"两艺和"乐"的一部分都有现代意义上体育的内容包含在其中。

上面所述是从教育角度出发的体育教育,而在我国,体育教育在军事训练中的地位也是值得关注的。封建社会的战争武器通常为冷兵器,这对战斗人员的身体素质和武功技能的要求较高。为了使战士能够获得这种足以满足战斗需要的技能,就需要在日常的军事训练中着重对他们的身体素质和战斗技能进行针对性的训练,由此,体育教育便得以派上用场。例如,我国古代的甲士训练即是其中的典型;汉代的蹴鞠和唐代的马球都曾被作为军事训练的主要内容和手段。

(二)西方文明孕育下的体育教育

现代世界范围内主要的竞技体育运动项目主要源自欧洲,其鼻祖为古代希腊。古代欧洲的体育文明中,城邦教育体系就是以体育教育为主,古希腊人的思想中似乎对人拥有强健的身体有着特殊的偏爱,进而他们创造了非常丰富的体育生活。迄今已经在发现的大量古希腊文献中找到了许多关于古希腊人开展体育竞技活动的描述,从其文献中也发现了众多描述体育事物的术语,这些词汇一直沿用至今。例如,"athletics"(竞技)、"training"(训练)、"gymnastics"(体操)等。其中"gymnastics"(体操)一词在古希腊被当作一切健身运动及其方法的总称,因此就连当时以体育锻炼为主要目的的场所也被形象地称为"体操馆"。在"体操馆"中通常设有跑、跳、投掷、拳术、角力等运动场地。从"体操"可见,在古希腊,"体操"一词近似于现代"体育"。"体操"一词最开始传入我国时,我国也直接将其用来表述以身体运动为主要方式的教育活动上,直到后来从日本传入"体育"一词后才放弃原先的"体操"。

中世纪的欧洲对文明的发展可谓是处在一片黑暗状态中。中世纪的欧洲普遍处在宗教主义势力和封建专制势力的双重影响下,集权与专制使得各种竞争都不能在公平的环境中进行,而人们的思想也被完全束缚,否则将面临严酷的刑罚,那个时期唯一能够得到关注的只有欧洲特有的骑士制度。骑士在中世纪曾是备受崇拜和尊敬的阶层,当时要想把一个普通人培养成一位骁勇善战的骑士,体育训练手段就是不可或缺的。只有接受过严格训练的骑士才能拥有健硕的身体,掌握骑士精神中最引以为傲的"骑士七技",这些技能包括骑马、游泳、投矛、刺剑、狩猎、弈棋、吟诗七项。从实用性的角度来看,这些技能均是为军事用途服务。

对比东西方两种体育文明的产生,可以发现它们都离不开体育教育活动。我国西周时期的"六艺"是一种针对贵族子弟开展的教育,其最终用意在于培养未来的合格统治者。欧洲文明的发源地希腊的城邦教育体系,也是为了对人民进行体育技能教育与训练,只不过与我国西周时期的"六艺"教育不同的是,古希腊城邦教育面对的是所有男性民众,用现代的话说就是城邦教育是一种"半全民化运动"。从两者的教育目的上看,受限于当时的历史环境和社会主旋律,其用途必然主要是为了满足战争的需要。在古代,不论是欧洲还是中国,战争是一种非常常见的状态,这是文明发展到那个时代的必然产物。因此,作为以培养人为社会发展作出贡献为目标的教育,其目标也必定是要为军事和社会安全服务,这是两者的共同之处。

综上所述,体育教育的最初内容就是为了让人们进行学习和从事军事训练。当然不同的地域、不同的历史时代,体育教育的内容、形式均有所差异。

二、体育教育的发展概况

(一)古希腊的体育教育

如果单看体育教育的发展历史,古希腊的体育教育显然走在了世界的前列,并且它对后世的影响直到今天。具体来看,古希腊的体育教育之所以全面,成为世界体育教育的楷模,主要在于通过人们长期追求健康体魄的思想影响,体育教育渗透在生活中的许多方面,并由此逐渐形成了最早的体育教育体系,这个体系分为两个类型,即斯巴达体育教育和雅典体育教育。其中,斯巴达体育教育的全部特征是以追求军事效力为最终目标,从而决定了斯巴达教育中含有相当多的军事体育的内容。但限于这种教育的军事目的较为明确,因此从整体的思想上表现出极大的匮乏,因此尽管这种体育教育方式获得了一时的"繁荣",但终究被历史所淘汰。雅典是奴隶主民主国家,鉴于社会形态的不同,也就使得其教育甚至是体育教育与其他城邦国家有所区别,在这里就特别指其与斯巴达之间存在相当的差异。

两个城邦间对于体育教育的共同点都在于它们均立足于实践,体育教育的目的不仅在于强身健体,而是都有非常实际的现实意义,即用于战争。然而,斯巴达是为造就士兵而教育孩子,而雅典教育的目的则更加和平化,即要把统治阶级的后代培养成合格的能履行公民职责的人。这种教育对这些统治阶级的后代要求更高,他们不仅要接受刻苦的训练最终成为身强力壮、有能力领导国家在战争中获胜的军人,还要求被教育成可以担当更多社会角色的公民。因此,从使用用途上看,雅典的体育教育显得更加和谐和全面,给后人留下了丰富的教育思想,其中也包含体育教育思想。

(二)文艺复兴时期的体育教育

中世纪的欧洲在黑暗的封建统治和神权统治下前行,这一时期众多欧洲国家均受到国家政权神化的影响,在思想上宣扬除了心智及肉体之外尚有神赋灵魂。他们认为只有灵魂是至高无上的事物,而实际的肉体则是一种媒介,是可有可无的存在。在这种思想观念的影响下,显然对于以身体运动为主要活动方式的体育教育是一种极大的阻碍。这种思想实际上是对古希腊体育观的一次彻底否定。

随着社会的进步,封建社会开始解体,新兴资产阶级开始对封建社会进行反抗。文艺复兴运动重新修正了过往的错误思想,秉持新思想的思想家们喊着"回到古希腊去"的口号,以求人们能够再度把目光关注到人的本身上去。与此同时,德国受文艺复兴运动的影响,在马丁·路德的带领下掀起了宗教改革的热潮,否定了罗马天主教会和教皇至高无上的权力,提出在上帝面前人人平等,没有贵贱之别。这两股资产阶级革命思潮推动了体育教育的发展。在此影响下,人们重新认识到体育教育的重要性,并且逐渐恢复和尝试更加新颖的体育教育方法,给后世带来了深远的影响。

(三)法国资产阶级革命时期的体育教育

法国的资产阶级革命对于欧洲历史来讲是一次划时代的转折。作为在欧洲大陆最具影响力的大国,18世纪资产阶级革命前的法国是一个典型的封建专制国家,资本主义革命后,资产阶级在国家许多领域中获得了主宰地位,成为经济生活中一股不可忽视的力量。在资产阶级的领导下发起了"启蒙运动",在这场轰轰烈烈的运动中出现了一些著名的教育家、思想家。

让·雅克·卢梭是那个时代最杰出的思想家和教育理论家。他提出要对新生的一代施行自然教育,意图让人从小置身在大自然中自然地发育成长,然后逐渐成为一个全面发展、尚武有力、勇敢能干的人。卢梭的身体教育思想主要有以下两点。

(1)任何社会问题之所以产生都在于人性恶,而恶首先产生于人的体弱。所以只有通过培养刚强的青年才能改变社会的丑恶。

(2)孩子学会同自然界斗争的本领越多也就越灵巧,因此必须训练青少年的感觉器官。卢梭提出的训练方案是克服各种自然障碍,如爬树、翻越石墙等。同时,他沿用了洛克的劳动教育思想,采用各种手工劳动训练孩子。他也赞同洛克关于积极休息的论点,提出智育和体育相结合的方案。

卢梭的教育思想深受人文主义教育家的赞赏,在德国等地开办了以卢梭思想为指导的泛爱学校,如贝纳特·巴塞多在德绍的一位公爵资助下办了一所泛爱学校,在推广泛爱主义教育中,古茨穆斯的影响为最大。他制定了泛爱教育中身体教育的体系,主要包括三方面活动。

(1)利用户外游戏发展儿童的个性和意志品质(如培养灵巧和谨慎的作风,增强注意力、记忆力,培养想象力等)。

(2)利用各种手工劳动增强手部技巧和能力。

（3）对身体本身的练习，即利用跑、跳、投、摔跤、平衡、举重等练习方法增加力量和耐力，培养能够借以解决生活中出现的问题的能力和品质。

（四）现代体育教育的发展概况

为更好地说明现代体育教育的发展概况，特选择以我国最有代表性的高校体育教育为例。在现代我国高等院校中，体育教育一贯注重对体育内涵和体育教学质量的强调。这不能被认为是不利的，但过分注重结果就是对体育教育外延发展的忽视以及导致对结构优化的忽视。造成这种情况的原因与我国长期在计划经济体制下发展不无关系，这种环境势必造成了封闭性体育教学发展模式的最终形成，进而使高校体育改革总处于社会发展之后很久才得以进行。长期以来，我国高等院校体育教育的主要任务仍旧以增强学生体质为主，直到现代才开始逐渐加入更多人本理念。不过从实际来看，以高校体育教育为代表的现代体育教育在育人方面的结果仍旧停留在表面上的对某种运动技战术的掌握，或是通过体育教育达到提升学生身体素质的层面。这虽然不错，但是还不够。再加上相关体育教育领域的研究对"育人"目标的具体内容尚没有完全确认，如此则会使得人们对其意图难以把握。受传统体育教育思想的影响，我国高校体育教育管理部门往往并不太看重对学生真实体育能力的培养，而是对量化指标过于关注，如关注一个自然班中有多少人引体向上能够超过标准线等。在这种标准下得到的体育教学成果显然是片面的，不能完全展现出学生通过接受体育教学获得的自身转变，而这一点恰恰是体育教育最应该关注的内容。在体育教育实践方面，也缺乏培养体育能力的方法和手段。实际上，对于大学生的能力培养，课程建设起着很重要的作用。现代我国体育教育的现状确实是以竞技项目为主要内容，以此为内容本没有问题，问题在于课程的设置显然已与"终身体育"观念相违背。这使得体育教育在教学中仍旧以让学生掌握某项运动知识或技能为主要目标，重接受轻创造,最终导致了教学要求和标准的降低,进而使体育教育质量始终停滞不前。

目前,与其他学科的教师相比,高校体育教师队伍无论在学历层次还是在知识结构层次上,都存在差距,这显然也是不能回避的问题。现代体育教师大多是在运动技术教学模式下培养和成长起来的技术型、训练型体育教师,他们更注重实践而轻理论,大多数学历不高,科研能力普遍较弱,一专而不多能。面对体育教育部门进一步深化体育教育改革的要求,这些现状和问题都是需要解决的。

(五)体育教育的未来发展特征

1.以健康体育教育为基础

联合国教科文组织对健康教育和学校健康教育的概念做出了更具体的定义,在教科文组织的《综合学校健康教育:行动指南》中指出了接受健康教育是每位少年儿童的基本权利,要在他们的思想中树立起健康的价值观,并且具有一定的实践能力,以此达到推动全世界人民健康水平提升的作用。

未来体育教育应该以体育教学为渠道,从多方面开展体育卫生保健教育,其中要以身体练习为主要教育手段,以此达到增强学生体质、促进身心健康全面发展,为社会培养更多可用人才的目标。由此可见,健康教育和体育教育是紧密相连的,且能够相互促进。鉴于此,未来体育教育的发展方向必然会朝着更加突出"健康第一"的方向前行,使学生懂得健康对漫长人生的重要意义,掌握一定的保健养生方法和运动技能,并激发他们热爱体育、热爱运动的动机,自觉将体育作为他们生命中必不可少的组成部分。

2.以素质体育教育为指导

素质体育教育是素质教育概念下的一个重要教育手段。素质体育教育的本质是通过这项教育可以让学生产生主动参加体育锻炼的意识，使用正确的锻炼手段健身等。它是面向所有学生的，使他们的身体和心理都能得到健康发展。

诸多实例表明，人的身心健康素质是其他素质养成的基础。而身心健康素质教育则刚好对症下药，对人的身心健康水平进行针对性教育。具体来说，就是通过接受身心健康素质教育，可以使人具有健美体形、优秀体质、精神饱满和体能充沛，并养成稳定的心态和优良的体育锻炼生活习惯。这样便能使接受这一教育的人的身体结构中的各个部分与系统都能获得协调，进而表现出对外界环境更快的适应能力和运动能力，为未来学习、工作和生活的高质量夯实坚固的基础。

3.以愉快体育教育为过程

愉快体育教育最早出现在日本，当这种体育教育形式传入我国后，即刻在我国体育教育界和广大体育教师中产生了巨大影响。这种愉快体育教育很好地解决了体育教育中最大的"敌人"——厌学。愉快体育教育具有一定的意义和内涵，其主要体现在以下三点。

（1）愉快体育教育可以最大化地提升学生参与体育活动的兴趣，进而提升他们主动参加体育锻炼的积极性。

（2）愉快体育教育可以让学生充分体会到体育带给他们的快乐。在这种教育中他们可以体会到成功与进步，这对激发一个人的喜悦体验有较大帮助。

（3）愉快体育教育面向的群体为全体学生，它旨在全面提高学生的身心健康水平。

随着我国体育教育改革的步伐越发加快，再加上素质教育的理念指导，经过一段时期的理论研究和实践发展，我国体育教育部门对愉快体育教育有了更多的理解。

首先，对于愉快体育教育的认识也更加明确，即它是一种心理体验。通过愉快式身体锻炼可以让学生体验到快乐，这种快乐也许来自出汗，也许来自成功，抑或是来自单纯的运动体验。不管怎样，这种愉快的体育教育过程必将成为未来体育教育发展的趋势。

其次，愉快体育教学在实施过程中仍旧没有摒弃学生在这一过程中的主导地位，注重学生个性化发展，以及它仍重视师生和谐的教学关系。

通过上面的论述可知，愉快体育教学不论是从理念还是从教育实践过程都注重了创造性内涵，与过往单纯的教师教和学生学不同。这显然对丰富体育教学内容，开辟课外活动，激发学生的体育兴趣，培养学生的体育意识具有更加积极的意义。

4. 以终身体育教育为目的

"终身教育理论"的思想是 20 世纪 60 年代中期由法国教育学者保罗·朗格朗提出的。从现代角度来看，终身体育的意义非凡，并且得到了几乎所有体育教育学者的认可。终身体育概念致力于使人们养成与掌握进行体育锻炼的习惯和方法，并且能在人的一生中自觉自愿地履行。在日常生活中，人们可以根据自身的特长或兴趣爱好选择感兴趣的运动项目，享受运动带来的良好身心体验，并持之以恒终身从事体育运动。

终身体育是未来体育教育的发展趋势，之所以这样认定主要与其在现代已经成为体育教育新理念付诸实施，并收到良好效果有关。为了更好地了解终身体育的理论知识，在下节内容中有更加详细的阐述。

第二节 我国学校体育教育的现状分析

对于我国学校体育教育的现状，本节通过对中小学学校体育教育的开展情况进行分析。

一、每周体育课的开设情况

不同地区小学及初中每周开设体育课情况统计表见表1-1和表1-2。

表1-1 不同地区小学每周开设体育课情况统计表（单位：课时）

地区	学校数量	一年级 2/3	%	二年级 2/3	%	三年级 2/3	%	四年级 2/3	%	五年级 2/3	%	六年级 2/3	%
一类	20	16	80	16	80	16	80	16	80	16	80	16	80
		4	20	4	20	4	20	4	20	4	20	4	20
二类	20	20	100	20	100	20	100	20	100	20	100	20	100
		0	0	0	0	0	0	0	0	0	0	0	0
三类	20	20	100	20	100	20	100	20	100	20	100	20	100
		0	0	0	0	0	0	0	0	0	0	0	0

表1-2 不同地区初中每周开设体育课情况统计表（单位：课时）

地区	学校数量	初一 1	%	2	%	初二 1	%	2	%	初三 0	%	1	%	2	%
一类	20	0	0	20	100	0	0	20	100	0	0	2	10	18	90
二类	20	0	0	20	100	0	0	20	100	1	5	2	10	17	85
三类	20	1	5	19	95	1	5	19	95	2	10	2	10	16	80

就调查来看（表1-1，表1-2），在一类地区中，绝大多数的小学体育课每周至少开设两课时，能够开设三课时的体育课所占的比例非常低，并且随着年级越来越高，其比例也会越来越低。在二类地区、三类地区学校中开设的体育课每周都是两课时，每周能够开设三课时的学校并不存在。

在所有参与调查的初级中学中，各类地区能够每周开设三课时体育课的学校并不存在。

在一类地区中，初一、初二每星期开设两课时体育课，初三年级有开设一课时的体育课。二类地区初一、初二每周开设两课时体育课，但初三没有开设体育课的学校有一所，只开设一课时体育课的有两所学校。三类地区只有一所学校初一、初二只开设一课时的体育课，初三不开设体育课的学校有两所，只开设一课时体育课的学校有两所，有 16 所学校开设了两课时的体育课。

《教育部关于落实保证中小学生每天体育活动时间的意见》中指出："开齐并上好体育课。各地中小学校必须按照国家有关中小学体育课设置的规定和要求，开齐并上好体育课，小学一至二年级每周为四课时，小学三至六年级和初中每周为三课时，高中每周为 2 课时。地方和学校不得以任何理由削减、挤占体育课时间。"①

从调查可知，不管是小学还是初中，体育课开设的数量都同我国教育部目前的相关规定存在较大的差距。如果无法正常地开设体育课，那么也就难以保证正常的体育活动。从数据来看，三类地区的体育课开设次数也是非常令人担忧的。虽然新的体育与课程标准已经实施了几年，但在一些地方并没有得到管理者的重视，学校领导依然看重学校的升学率，重视自己学校的学生是否能够考上重点初中、重点高中，这一现象在三类地区是非常严重的。

二、体育教学的依据与教材使用分析

不同地区小学及初中体育教学的依据与教材使用情况见表 1-3 和表 1-4。

---

① 李琼志. 长沙市义务教育学校体育现状与对策[D]. 湖南师范大学,2007.

表1-3　不同地区小学体育教学的依据与教材的使用情况（n＝学校数）

地区	学校数	新课标教学		过去的大纲教学		体育教材		校本教材		没有依据	
		n	%	n	%	n	%	n	%	n	%
一类	20	16	80	0	0	3	15	1	5	0	0
二类	20	12	60	0	0	6	35	1	5	0	0
三类	20	8	40	4	20	4	20	0	0	4	20

表1-4　不同地区初中体育教学的依据与教材使用情况

地区	学校数	新课标教学		过去的大纲教学		体育教材		校本教材		没有依据	
		n	%	n	%	n	%	n	%	n	%
一类	20	16	80	0	0	3	15	1	5	0	0
二类	20	12	60	2	10	5	25	0	0	1	5
三类	20	8	40	5	25	5	25	0	0	2	10

　　从表1-3可知，在一类地区的小学，在选择教学内容时都是将新课程标准的思想作为依据，根据校本教材和体育教材选择教学内容的占20％。在二类地区，根据新课标的思想来对教学内容进行选择的学校占60％，根据校本教材和体育教材来对教学内容进行选择的占40％。在三类地区，根据新课程标准的思想来对教学内容进行选择的学校只有40％，有20％的学校是根据过去的大纲来选择教学内容，还有20％的学校是根据体育教材作为依据来选择教学内容的，剩余20％的学校时上课没有任何依据。

　　从表1-4中可以看到初中学校的情况。有80％的一类地区学校是根据新课程标准的思想来对教学内容进行选择，20％的学校是根据校本教材和体育教材来选择教学内容。有60％的二类地区学校是以新课标的思想来对教学内容进行选择，使用过去教学大纲的也有10％，根据体育教材选择教学内容的占25％，有5％的学校上课时并没有依据。有40％的三类地区学校是根据新课程标准的思想来选择教学内容的,还有 25％的学校使用过去的大纲来选择教学内容,25％的学校是以体育教材作为依据来进行的,有 10％的学校上课时没有任何依据。

新的课程标准对体育课程的学习目标体系以及评价原则进行了构建,对于完成课程目标所需要的方法和内容也只是提出了一个大概的范围,各地、各校、教师和学生拥有了比较大的选择余地。因为《标准》对学生情意和健康方面有着比较具体的要求,教师必须要对《标准》的精神进行全面的学习和领会,对每个学习领域各水平目标以及达到水平的学习要求进行理解,从各地区学生和学校的具体实际出发,以学生发展需要作为中心,而不是以运动项目或教师作为中心来对教学内容进行选择和设计。

但是从中小学学校体育的依据来说,三类地区存在比较大的差距,新课程标准赋予了地方各级学校和体育教师更多的自主权,但对体育教师也提出了更高的要求。根据调查来说,一部分学校,特别是三类地区中的一些学校或者沿用以往的教学大纲,或者没有任何依据来上课,这已成为一些教师多年以来形成的习惯。传统的《学校体育大纲》对教学的内容、进度、评分方式以及考核标准进行了规定,并且对于辅助练习也进行了比较详尽的规定。教师只需稍微安排一下课时进度就可以组织教学了。对于教师来说,他们需要考虑的问题主要是采用什么样的教学方法来将大纲中所规定的内容更多地向学生进行传授,而不需要对更多的问题进行考虑。而《课程标准》需要体育教师以课程设计者的身份参与到课程实践过程之中,在考虑采用什么样的教学方式进行教学之前,教师还需要对教学目标、教学内容、教学组织形式、教学标准和教学评价方式的选择或制定等诸多问题进行考虑,需要教师付出更多的努力。

三类地区的学校之所以采用过去的学校体育大纲来作为教学的参考依据主要是与学校的师资、教学条件等有关系。兼职教师占有很大的比例,专职教师在学历方面也不达标,教师参与进修的机会非常少等。如果依靠教师通过自学来对新课程标准进行领悟,可能是很难实现的。

三、体育教师上课的基本情况

不同地区体育教师上课基本情况见表1-5。

表1-5　不同地区体育教师上课基本情况统计表($n=$小学人数,$h=$初中人数)

地区	有教案且按教案上课				有教案部分按教案上课				有教案但按教案上课				没有教案				合计	
	n	%	h	%	n	%	h	%	n	%	h	%	n	%	h	%	n	h
一类	30	75	34	75.5	15	25.0	11	24.5	0	0	0	0	0	0	0	0	45	45
二类	24	53.3	23	51.1	11	24.5	13	28.8	10	22.2	9	20	0	0	0	0	45	45
三类	8	17.7	9	20	10	22.2	11	24.5	15	33.3	14	31.1	12	26.6	11	24.5	45	45

为了对体育教师备课、上课的情况进行了解,专门对部门体育教师的备课和上课情况作了详细的调查。见表1-5,学校体育教师在日常教学过程中,一类地区的初中表现得较为正规一些,大部分都有教案并能够根据教案上课,占75.5%,只有24.5%的教师有教案但并未能完全按照教案上课,小学的情况基本上差不多。二类地区的初中有51.1%,小学53.3%有教案并能够根据教案上课,有教案部分按照教案上课的初中有28.8%,小学有24.5%;有教案但不能按照教案上课的初中有20.0%,小学有22.2%。三类地区的学校情况比较差一些,只有20.0%的初中体育教师有教案并能够按照教案上课,有17.7%的小学教师有教案并能够按照教案上课;初中和小学中,有教案但部分按照教案上课的教师分别占到24.5%、22.2%;有教案但不能按照教案上课的教师初中达到了31.1%、小学达到了33.3%,此外还有初中24.5%、小学26.6%的教师上课但没有教案。

这也表明了一些体育教师为什么不认真进行备课,不认真编写教案,因为备与不备,写或者不写都对他们的教学不存在任何意义。通过进行调查研究,造成这一现象产生的原因主要表现为以下几个方面。

一是领导问题,这主要是因为在平时工作中,领导对教师进行检查主要是看教案,很少深入课堂的第一线,所以教师都是按照教学进度来写教案,对于写的质量则是另外一回事。

二是场地器材原因,这是因为计划是由教学大纲来编写的,在实际上课过程中,由于缺乏相应的器材,上课只能是根据现有条件各显神通,想达到理想的效果也很困难。在课的组成部分,只有一类地区和二类地区的中小学教师根据准备部分、基本部分、结束部分来进行上课,而三类地区中小学教师在上课时,有的教师并不是按照三个部分来进行授课的。通过进行调查走访发现,有的教师在上课时虽然三个部分都是很齐全的,但实际操作中只带准备活动与下课前集合,其他的时间都是交由学生进行自由活动。在这种情况下,教学的质量也就很难得到保证。此外,在调查中也发现,在组织教学方面,中学教师对于师生互动的效应并不是很重视,也就是说,教师有时进行控制,有时同学生进行协调、沟通,而小学教师能够根据授课对象的特点,控制得更加多一些。

四、学生体质健康标准执行情况

为了对《中共中央国务院关于深化教育改革全面推进素质教育的决定》进行更好的贯彻,提出了"学校教育要树立健康第一的指导思想,切实加强体育工作"的精神,以更好地促使学生更为积极地参与体育运动锻炼,养成经常健体强身的习惯,促使学生体质健康水平以及自我保健能力得以不断提高,特制定《学生体质健康标准(试行方案)》(以下简称《标准》)。从身体机能、身体形态、身体素质等方面,《标准》对学生的体质健康状况进行了综合评定。

不同地区中小学《学生体质健康标准》执行情况见表1-6。

表1-6 不同地区中小学《学生体质健康标准》执行情况表

级别	地区	学校数	执行标准		平均达标率/%	平均优秀率/%
			学校数	%		
小学	一类	20	17	85.0	90.4	25.6
	二类	20	14	70.0	96.4	28.6
	三类	20	10	50.0	98.8	30.2
初中	一类	20	20	100	98.2	34.2
	二类	20	18	90	94.6	32.5
	三类	20	12	60	98.6	35.2

从表1-6可知,在执行体质健康标准方面,三类不同地区的学校数目并不一样,很明显,不管是小学还是初中,一类地区的学校执行体质健康标准是最好的,三类地区的执行情况相对最差,但在达标率和优秀率方面,三类地区要比一类地区和二类地区要好一些。目前,地方政府对体质健康标准的实施给予了越来越多的关注,特别是城市中小学,都要求将中小学生的体质健康情况进行上报,以促使学校重视实施学生的体质健康标准。但在农村地区,由于缺乏相应的场地设施等方面的原因,很难很好地落实学生的体质健康标准。但通过测试情况来看,农村地区的学生要比城市地区的学生情况要好一些。

五、我国学校体育教学的总体现状

(1)我国体育教育的目标和主要目的是"教书育人",但实际上,由于缺乏具体的教学内容和培养学生素质的有效方法和手段,在实际操作中基本上只重视增强学生的体质。

(2)总体上看,在我国学校体育中,体育教学的目标不是很明确,这主要表现在以下两个方面:一方面过分重视大学生运动技能的培养,忽视了个体创造性和能动性的发挥;另一方面,所开设的体育课程缺乏一定的针对性,影响了教学的质量和效果。

（3）一直以来，我国高校就十分重视"三基"的创收，而忽略了对学生体育能力的培养，具体在体育教学中则表现为教学内容匮乏和教学方法落后等。

（4）在我国学校体育教学中，课程设置不利于大学生终身体育观念的养成，不利于大学生综合素质的提高。

（5）学校体育基础设施及相关配套设施建设还存在一定问题，尤其是体育电化教学的普及度不高、对雨雪天的体育教学缺乏相应的对策。

（6）总体来看，我国学校体育教师的综合素质不高，需要加强体育教师队伍的培养与培训。当前，高校体育教师大多属于技术型和训练型教师，一专而不多能，他们的学历层次、知识结构层次、科研能力等与其他学科的教师相比都存在较大差距，不利于自身及高校体育教育教学的进一步发展。

第三节 学校体育教育的未来发展展望

一、我国体育教育的未来发展

（一）培养学生的"终身体育"观念及意识

1965 年法国教育家保尔·郎格朗提出了"终身体育"的观念，他认为学校教育应该为终身教育担任重要角色。联合国教科文组织指出："必须改变人们对教育的作用的看法。扩大了的教育新概念应该使每一个人都能发挥和加强自己的创造潜力，也应有助于挖掘出隐藏在我们每个人身上的财富。这意味着要充分重视教育的作用，就是说使人们学会生存，实现个人全面发展的作用,不再把教育单纯看作是一种手段,是达到某些目的的必由之路。"①基于此,现代学校体育教学应该更加重视对学生综合素质和适应能力的培养和提高,使学生具备良好的适应社会的能力。

随着现代社会的快速发展,社会对人才的要求也越来越高,体育知识与能力作为人的综合素质的一部分理应受到重视,在学校体育教育中,全面发展学生的综合素质和终身体育意识的培养也必将成为未来发展的一个重要趋势。

(二)不断推进学校体育教学改革

随着学校体育教育的不断发展,推进教育教学改革也将成为其重要的趋势之一。近年来,我国高校体育教学取得了一定程度的发展,未来一段时期,还应继续推动学校体育教学的改革与发展。在推进学校体育教学改革的过程中,应做到以下几点。

(1)重视学生的人性化发展,强调构建弹性化的课程内容结构,以适应当前新形势下学生多元化的体育需求。

(2)重视学生的全面发展,促进其综合素质的培养和提高。

(3)重视对学生体育认知经验的培养和掌握,重视学生体育经验、体育情感、体育态度、体育价值观的形成和发展。

(4)在体育教学过程中强调以学生的全面发展为核心,而非只强调运动技能的掌握以及运动成绩的提高。

(5)强调体育课程的分级管理和体育教师在体育课程设置中的主导作用。

(三)重视野外生存训练与拓展训练

一些户外运动和极限运动发展到现在,因其具有强烈的情感体验性和刺激性深受学生的欢迎和喜爱,因而成为高校体育教育中重要的内容,如野外生存和拓展训练就是其中的代表。野外生存和拓展训练集挑战性、冒险性、趣味性和实用性于一体,能有效

---

① 周登嵩.学校体育学[M].北京:人民体育出版社,2004.

提高大学生挑战困难和解决问题时的心理素质,提高大学生对自然和社会的适应能力培养大学生的审美情趣和环保意识,促进大学生的全面发展。

(四)向着课内外与校内外一体化的方向发展

课程是为实现课程目标在教师组织指导下一切课内外活动的总和,这一大课程观的确立为高校体育走向课内外与校内外一体化奠定了理论基础。当前,我国新一轮的体育课程改革是"从大课程观出发,将体育的课堂教学与课外、校外的体育活动包括运动训练纳入课程之中,形成课内外、校内外有机结合的课程结构"。此外,《中共中央国务院关于深化教育改革全面推进素质教育的决定》指出:"学校要树立健康第一的指导思想,切实加强体育工作""确保大学生体育课和课外体育活动的时间。"要贯彻落实学校教育与体育课程"健康第一"的指导思想,有效增进大学生的健康,增强大学生体质,高校体育就必须走课内外、校内外一体化的整体改革的道路。

在新的形势下,实施新的体育课程,搞好课堂教学、认真组织好课外与校外的多种多样的体育活动,充分开发和利用各种体育课程资源,加强体育师资队伍的建设将成为学校体育教育发展的重中之重。

(五)更加重视竞技体育教育

发展到现在,竞技体育取得了高度化的发展,而在体育教学中,正确地实施竞技体育教育,不仅能增进大学生健康,培养大学生的运动兴趣,提高大学生的运动技能;还能培养大学生积极进取的人生态度,促进其学会建立良好的人际关系;更能增强大学生的竞争意识、团队意识、责任感,提高大学生的协作能力和心理调节能力。因此,在新的形势下必须要更加重视大学生的竞技体育教育。

(六)更加重视体育形象建设

有学者认为,体育形象是"体育活动发生发展的客观事实直接塑造的形象"①。这种界定有助于受众直观明了地认识体育形象,但并不全面和准确。体育形象是一个综合体,它是国家体育的内、外部公众对一国竞技体育、大众体育、体育体制等内部要素及其在国际体育大赛取得的成绩所给予的评价与认定。

"体育本身是一个国家的名片,体育形象就是国家形象。"②。体育作为"世界通用语言"本身具备巨大的外交功能,如中美"乒乓外交"、美古"棒球外交"、美伊"篮球外交"等都在一定意义上缓解了国与国之间的利益纠纷与摩擦,改善了美国与这些国家之间的外交关系。如今一些国家纷纷通过"世界杯外交""奥运外交"等体育外交方式建立外交关系或改善外交环境。北京奥运会的成功举办则对全世界认识中国、促进我国良好国际形象的建立具有重要意义。总之,体育发展水平可以展示国家形象,体育形象是国家形象的构成部分。

国家形象塑造涉及经济、政治、文化、教育等要素,而高校体育涉及体育和教育两方面的内容,因此,在高校体育教学中,教师应始终重视对大学生进行爱国主义教育,重视培养大学生对体育形象构建的认识,使大学生在头脑中构建出健康的体育形象,并认识到体育形象的构建对国家形象构建的重要性。

二、我国学校体育教育的发展对策

(一)树立正确的体育教学思想

教学思想是体育教学的先导,是一种社会意识形态。科学的体育教学思想不仅要符合社会和体育发展的规律,还要符合体育认识的规律,它对体育教育具有非常重要的指导意义。

随着社会的发展和生活水平的提高,人们把体育作为娱乐和消遣活动的愿望日益明显,终身体育将成为人们日常生活中的基

---

① 李红卫.中国体育形象的媒介构建探析[J].中国体育科技,2011(4).
② 戴轶等.体育在国家对外关系中的作用[J].北京体育大学学报,2005(3).

本需要。高校作为大学生受教育的最后阶段和进入社会的准备阶段,以正确的体育教学思想指导高校体育教学,以增强大学生体质,培养其体育意识,养成自觉锻炼的习惯是我国高校体育教学应特别重视的重要工作内容。

(二)树立正确的体育教学目标

树立正确的教学目标有利于体育教学目的的实现。在高校体育教学过程中,高校体育教学目标要始终服从教学目的这一事实不能随意改变。当然,体育教学目标作为一种策略,具有一定的灵活性,它既要考虑增强大学生体质这个本质特点,又要考虑包含心理的、非智力的、人文目标的、社会的等多目标要求,使大学生具备可持续发展能力。只有当这些因素都有机地结合起来,在体育教学过程中科学地分步实施和实现的时候,才能说高校体育教学目标与教学目的是协同一致的。

(三)选择正确的体育教学内容

高校体育教学要选择正确的教学内容,只有这样,才能更好地强化体育的多功能目标。在高校体育教学实践中,体育教师对体育教材内容的选择,既要考虑其生物性价值,也要考虑其教育性价值,还要将科学性和实效性相结合。高校体育教学要将身体锻炼知识、运动技能和手段的掌握、健康水平评价、运动技术原理等合理地贯穿在整个体育教学过程中,使之有机结合,从而适应现代体育与健康教育相结合的发展趋势。

(四)选择有效的体育教学方法

高校体育教学方法是实现教学目标、达到教学目的的重要因素之一。新的历史发展阶段,高校体育教学必须改变以往传统落后的教学模式,采用多种教学方法,充分发挥大学生的主体作用。例如,运用"磨难体育"教学方法可以使大学生接受困难的挑战,磨炼自己的意志;运用"快乐体育"教学方法能激发大学生学习体育的兴趣,使大学生真正体验到学习体育的乐趣所在,从而在快乐的气氛中达到增强体质的目的。

(五)建立科学的体育教学评价体系

评价对高校体育教学具有非常重要的导向作用,科学的体育教学评价方法对提高高校体育教学目的和教学目标的协同作用具有重要意义。

在高校体育教学中,科学的体育教学评价方法,不仅要客观地评价体育教学的结果,更要重视整个体育教学的过程。在对大学生进行评价时,不能简单使用以体能反映体质状况、以技能反映教学效果的评价方法,而是应反映大学生提高的幅度和可能产生的深远影响,从而制定出能将体育教学的结果评价和过程评价有机结合,侧重于发展,着眼于将来的科学评价体系。

(六)加强高校体育教学的安全教育

在高校体育教学中经常会发生一些大学生损伤的事故,因此,通过体育教学经验的积累,体育教师必须周到地设想所有可预测的危险因素(见表 1-7),在体育教学过程中尽量消除一切可以消除的潜在危险,为大学生的体育学习创设一个安全的环境。

表 1-7　体育教学中可预测的危险因素

可预测的危险因素	举例
因大学生的思想态度产生的危险因素	如莽撞行事、擅自行事、准备活动不充分等
因大学生身体差异产生的危险因素	如力量不及、动作难度太大、对运动不熟悉、缺乏必要的保护与帮助等
因大学生身体状况产生的危险因素	如大学生伤病期间勉强参加运动引发危险等
因器械坏损和不备产生的危险因素	如绳索折断、双杠折断、球拍头脱落飞出等
因场地条件变化产生的危险因素	如雨雪地上的滑倒、塑胶地破损的绊倒等
因特殊天气产生的危险因素	如酷暑时的长跑、苦寒中的体操、暴雨的淋浇等

　　具体来说,高校应建立运动安全的有关安全制度和安全设备,制定严格的安全制度,限制危险的教学内容和教学手段;对容易发生危险的体育设施安装必要的保护装置和必要的警示标志。体育教师在高校体育教学中应贯彻落实安全运动与安全教育原则,重视体育安全知识和要领的讲解,教会大学生互相帮助的技能,时时刻刻地对大学生进行安全运动的教育,让每个大学生都认识到安全教育的重要性。

第二章　学校体育教育理论与系统分析

学校体育教育是体育教育的重要组成部分,体育教育在学校的开展主要是通过体育教学实现的,且以体育课程教学为主。开展学校体育教育,首先要清楚学校体育教育的基本概念、结构及功能,要清楚体育教育的实施载体,熟悉体育教育的具体执行过程,这是顺利开展体育教育,提高体育教育效率的基础与前提。因此本章主要就从这几方面出发来分析与研究学校体育教育理论及系统。

第一节　体育教育相关概念辨析

一、体育教育

体育教育指的是在人类社会形成与发展的历史中,以生产和生活需要为依据,在对人体生长发育规律加以遵循的基础上,以身体练习为基本手段,以促进健康和身心全面发展为目的而进行的一种有意识的身体教育过程。

二、健康教育

健康教育指的是以对健康知识进行传授、对卫生行为进行建立、对环境进行改善为核心内容的教育。在健康教育中,要有计划、有组织地开展系统的教育活动,帮助人们积极通过对健康有利的行为,减少或消除危险因素,降低发病率、伤残率和死亡率,促进生活质量的提高,并正确评价教育效果。

健康教育在学校占有重要的地位,通过健康教育,促进学生形成良好生活习惯、卫生习惯以及健康行为模式,从而使学生保持最佳健康水平。

在学校健康教育中,要加强对学生自我保护能力的培养,促进学生养成良好行为习惯,加强与学校体育教育的配合,旨在全面提升学生的体质健康水平。

三、学校体育

学校教育内容丰富,其中体育这项内容占有重要的地位,虽然体育的主要表现形式是身体活动,但学校体育的内容远不止身体教育这一项,还有其他相关内容。学校开展体育活动,组织体育教学,主要目的是完善学生的人格,促进学生健康发展,使学生形成终身体育意识,掌握体育锻炼的方法,为终身体育奠定基础。

随着学校体育的不断发展,其呈现出了新的趋势与特点,主要涉及内容、方法和形式等方面,具体表现如下。

(1)学校体育以"健康第一"为指导思想。

(2)学校体育向快乐体育转化。

(3)学校体育的竞技化发展趋向明显。

(4)学校体育是终身体育的重要环节。

四、体育教学

众所周知,体育教学是一个教育过程,但不同的人对这个教育过程有不同的理解,最常见的观点是体育教学是促进学生体质增强的过程,是对体育知识和技术进行传授的过程等。一般在体育教学的具体环境中体现教学的具体含义,新教学思想的提出一且在体育领域得到运用,便会使体育教学的内涵发生新的变化。体育教学是体育教师的教与学生的学的双边互动活动,体育教师的教主要是传授运动知识与技术,学生学习与掌握体育知识和技术,从而实现身心全面发展的需求。体育教学在培养学生终身体育锻炼兴趣和能力方面发挥着重要的作用。

体育教学的过程可以理解为知识的传习过程,传习内容具有特殊性,以运动技术为主。在这个过程中,运动技术水平较高的体育教师主要负责"传",一般的教师无法完成这项工作;普通学生是体育教学的主要教学对象,以"习"为主,系统学习运动技术,从简单到复杂,这是学生在体育课上的主要学习任务。体育专业学生和职业运动员是体育教学的特殊对象,他们以专项深造或竞技训练为主要学习目标。

第二节 体育教育的结构与功能

一、体育教育的结构

(一)体育教育的内部结构

作为一种身体教育过程,体育教育是有意识、有目的的,完整的体育教育离不开施教者和受教者的相互配合。同时,要在该过程中达到预期的教育目的,还需要借助一定的载体。因此,动态体育教育的内部结构包括以下几个因素。

(1)体育教师。

(2)学生。

(3)体育教育目的。

(4)体育教育载体。

(二)体育教育的外部结构

在学校教育中,体育教育的地位不可动摇,以学校教育的层次结构为依据,可以把学校体育教育的外部结构划分为以下几个部分。

1.学前体育教育

幼儿体育教育是学前体育教育的主要构成,3~6周岁的幼儿在幼儿园接受的体育教育就是幼儿体育教育。在学前体育教育中,幼儿素质的全面发展备受重视。

2.初等体育教育

小学体育教育是初等体育教育的重要构成。7~13岁的小学生是初等体育教育的主要对象。小学生的年龄特点较为明显,具有很强的可塑性和模仿能力,他们的兴趣和爱好不够稳定,而且不断变化。在一些活动、行为方式上,小学生能够将自己的个性特征展现出来。因此在初等体育教育中,应针对小学生的年龄特点,参考素质教育的要求,对适宜的体育教育内容、方法和手段进行选用,并通过体育教育达到增强学生体质,培养学生兴趣,培养学生思想品德和意志品质的目的。

3.中等体育教育

在初等体育教育与接下来要分析的高等体育教育中,有一个过渡,或者说是中介、纽带,这就是中等体育教育,其承上启下,是学生一步步深造和发展的必经之路,只有经过这些阶段的教育,学生最终才有可能成为社会高级专门人才。中等体育教育除了联结初等和高等体育教育外,也会将体育教育与社会联系起来,可以为社会培养中等专门人才。因此说,在整个体育教育系统中,中等体育教育的地位非常重要,且具有特殊性。

在中学体育教育中,教师要严格树立和贯彻"健康第一"的教育思想。通过体育教育对学生的运动兴趣进行激发,促进学生形成良好的体育锻炼习惯、勇敢顽强的意志品质,促进学生身心及社会能力的全方位协调发展,从而提高国家未来接班人的整体健康水平。

4.高等体育教育

在高等教育中,高等体育教育是一个非常重要的组成部分,而且这一高等教育具有特殊性,具体表现在以下几方面。

第一,高等体育教育既要对高等教育的规律加以遵循,又要与体育的发展形势相适应。

第二,高等体育教育既要将知识教育的主导性重视起来,又要对竞技体育的重要性予以强调。

第三,高等体育教育既要与高校的发展趋势保持一致,又要对体育院校的发展动态予以关注。

作为培养体育人才的最后环节,高校体育教育的教育方法、手段都具有独特性,能够为社会培养个性坚强和具有拼搏精神的新型人才。高校体育人才的培养质量与高校体育教育效果密切相关。为社会培养劳动力,促进科研向生产力的转化,服务社会,这是当代高等体育教育最显著的特点。从这个特点出发,高等体育教育必须以为社会发展服务为核心来开展工作,着重培养有个性且全面发展的人才,使其在社会主义现代化建设中贡献自己的力量。

高等学校体育教育的目标主要表现如下。

第一,使学生对基本体育知识、技术和技能加以掌握。

第二,促进学生身体素质的发展和体质的增强,提高学生机体的自然适应能力。

第三,促进学生体育能力的发展。

第四,对学生的"终身体育"观念进行培养。

第五,促进学生运动技术水平的提高。

二、体育教育的功能

(一)体育教育的本质功能——健身功能

健身功能是体育教育的本质功能,这一功能主要体现在以下几方面。

1.促进大脑工作能力的提高

人体的最高指挥部就是大脑,大脑发出指令,指挥人体的一切活动。在人的体重中,大脑占2%,但是心脏总流出血量中,20%的血量主要供应大脑需要的氧气。

体育活动可以使大脑供血、供氧情况得到改善,可以提高大脑皮层的兴奋性;加深抑制,集中兴奋和抑制机制,使神经过程更均衡、灵活,使人体在受到体外刺激时更迅速准确地做出相应的反应,增强大脑的分析综合能力,提高有机体的整体工作能力。

2.促进机体生长发育

人体的支架主要是骨骼,人体形态的变化与发展主要受骨骼生长发育的影响,人体内脏器官的发育也受骨骼的影响,此外,人的劳动能力、运动能力与骨骼都有直接的关系。肌肉是人体运动的基本条件,肌肉参与工作是人体完成所有运动的基本手段。

3.促进人体功能的提高

体育活动可以增加人体能量消耗,增加代谢产物,促进新陈代谢和血液循环。

4.对人的心理进行调节

体育活动可以使人保持愉快的心情和充沛的精神,能对人的不良情绪和心理进行调节。

5.提高人体的适应能力

体育活动可以促进身体免疫力的增强,促进人体抗病能力的提高,此外还能够促进人体在现代生活中适应能力的不断提高。

总之,在推动学生生长发育,促进学生体形健美,端正学生身体姿态,促进学生各器官系统功能、身体素质、运动能力、适应能力的提高,消除不良精神反应等方面,体育教育发挥着不可替代的作用。

(二)体育教育的一般功能

随着社会的不断进步发展,人们越来越深入地认识到了学校体育教育的多元功能,并且不断致力于对体育新功能的开发。除健身功能外,其他功能都属于学校体育教育的一般功能,具体表现在以下几个方面。

1.教养功能

教养指的是使受教育者对一定的科学概念和规律加以掌握,并具备一定的实践能力。体育教育的教养作用主要体现在体育教育能够使学生对体育的有关知识形成正确的认识,对体育运动的技能有一个基本的掌握。

2.教育功能

体育活动中,学生按一定目的形成特定的个性品质,这就是所谓的教育。通过体育活动培养学生的思想道德品质和意志品质,这是学校体育中教育功能的主要表现。学生在体育学习中,必须克服困难,承受一定的生理和心理负荷才能完成技术动作,这对磨炼学生意志、培养学生品质具有重要的意义。

3.促进学生个性全面发展功能

从社会学角度看,人在社会中扮演的独特角色和具有的独特地位都属于个性的范畴。

从教育学角度看,个体独特的身心结构及其表现就是所谓的个性,这一界定促进了个性内涵的丰富。

综合来说,个性指的是个体在社会关系系统中形成的生理特征、心理特征和社会特征,以独特的方式有机结合而使个体具有的独特社会性。[①]

在现代化新时代的社会,社会发展呈现出了科技化、人文化、国际化、多样化等多元化的特色,再加上改革开放、市场经济等特色的融入,社会发展可谓千变万化。这样的社会要求人类个性鲜明,能够以自己独特的个性适应社会、创造新社会,为人类健康、和谐的未来而努力。但是良好、积极的个性并非先天遗传,而是需要后天不断地引导、塑造和培养才能实现,体育教育在培养人的个性方面发挥着重要的作用。

4.促进个体社会化功能

在特定的社会关系中,一个人学习必要的生活技能、行为规范和价值体系,以提高自身社会适应性的过程就是所谓的个体社会化,体育教育可以加速人的社会化进程。

第三节　体育教育的载体分析

一、体育课程是体育教育的载体

在我国社会主义建设过程中,体育是非常重要的一环,发展体育能够使社会各方面、各层次的人对体育的多种需要得到满足,这就离不开以体育课程为载体的体育教育。体育课程不是单

---

① 程辉.体育新课程背景下学校体育理论研究[M].北京:科学出版社,2016.

一学科,而是一门综合性学科,该学科的构成是以多学科作为学科基础的,体育课程与各学科之间存在着密切的关系。为了更好地实现学校体育教育的功能与价值,必须注重发展体育教育的载体,即注重体育课程的发展。

二、体育课程的结构

随着快乐体育、成功体育及终身体育思想的出现,体育课程结构越来越多元化。在传统结构基础上,增添了多种课程结构,如健康教育课、选修课、健身课等,同时在体育课程中还纳入了课外体育锻炼、校外活动、运动训练等内容,促进了课内外、校内外有机结合的多元课程结构的形成,如图 2-1 所示。

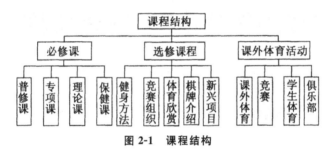

图 2-1 课程结构

三、体育课程的编制

编制体育课程主要从以下几个步骤着手实施。

(一)体育课程规划

体育课程规划指的是有关人员以学校教育和体育目标为依据对体育课程计划进行设计、对体育课程标准进行制定以及对体育教材进行编写的过程。

1.制定课程计划

体育课程编制人员要对我国体育教学目标和各级各类学校

的培养目标进行学习与研究,在此基础上对体育课程计划进行设计与制定。体育课程计划中要包含以下内容。

(1)体育课程指导思想。

(2)体育课程培养目标。

(3)体育课程设置及说明。

(4)体育课程的时间安排。

(5)体育课程的开设顺序及时间分配。

(6)体育课程评价制度等。

2.制定课程标准

在体育课程规划中,课程标准的制定是非常重要的工作,主要是从总体上进行课程规划。作为体育教师的教学指南,体育课程标准是体育教科书编写中、体育教学质量测评中需要参考的主要标准。

3.编写体育教材

学生学习体育的知识与技能,需要有现实的素材,即需要有体育教材,这是学生学习体育知识与技能的基本媒介。

(二)体育课程实施

实施体育课程可以使事先规划的体育课程变为现实的体育课程,而只有这样,才能推动学生发展。体育教师和学生在体育课程实施中发挥着关键的作用。另外,实施体育课程还需要对以下几方面的要素进行考虑。

(1)对体育课程教学任务进行确定并加以分析。

(2)对体育课程表进行安排,将体育课程教学内容的开设顺序和时间分配明确下来。

(3)对学生的学习活动和个性特征进行研究。

(4)规划具体的教学单元和课程类型。

(5)对符合学生学习风格的教学模式进行选择。

(6)围绕体育课程目标组织开展教学活动。

(7)对体育课程教学的过程和结果进行评价,获得反馈信息,为完善体育课程的实施提供参考。

(三)体育课程评价

体育课程评价主要是评价体育课程规划的科学性、体育课程实施的效率以及整个体育课程的教学过程,目的是获得反馈,为更好地编制和完善体育课程提供依据。

从根本上说,评价体育课程主要是为了对体育课程的结构和教学方法进行改革,推动体育课程内容的丰富与完善,提高学生体育锻炼的兴趣与积极性,增进学生健康,促进学生体育锻炼能力的提高和体育锻炼习惯的形成。

体育课程评价内容包括以下三个方面。

(1)评价体育课程的建设情况。

(2)评价学生的体育学习情况。

(3)评价体育教师的教学情况。

四、体育课程的实施过程

体育课程的实施要经历以下几个阶段。

(一)起始阶段

起始阶段主要是设计实施方案,并使学校接受实施方案。起始阶段的计划包括以下几个方面的内容。

(1)谁来参与课程改革。

(2)希望得到什么程度上的支持。

(3)人们在改革体育课程中做了什么准备等。

(二)实施阶段

体育课程实施包括对体育课程改革的介绍说明,以及人们在体育课堂或其他教育场所实施体育课程的变革。作为行动阶段，实施环节要求在实践中实施各种不同的方法与模式。

促进体育课程目标的实现，使学生达到学校与社会的要求，这是体育课程编制的主要目的。在体育课程实施中，需要考虑的问题有希望通过体育课程改革实现哪些变化；这些变化会有什么结果；是什么原因引起变化；这些变化的结果可以预见吗；教师对那些对学生有直接影响的变化可以控制吗。体育教师要先认识变革才能对变革的过程加以控制。

(三)维持阶段

维持阶段或称"制度化阶段"，是对体育课程改革进行控制的重要阶段。如果没有计划好这一阶段的工作，就可能导致体育课程变革的减缓直至停滞，从而无法实现体育课程变革的制度化。在体育教学中，体育课程改革很容易被体育教师忽略，或者说体育教师会自主改变一些内容，从而导致新课程在改革后面目全非。

五、体育课程学习

在体育教师的指导下，学生有目的、有计划、有组织、有系统地对体育知识、运动技术进行学习，从而掌握运动技能，形成良好品德和个性的过程就是所谓的体育学习。在体育学习过程中，学生的体育运动经验越来越丰富，体育素养越来越高，体育行为也越来越规范和完善。

有关体育学习过程的理论研究有很多，其中最具代表性的研究理论是美国教育心理学家加涅提出的学习过程的基本模式理论，即信息加工理论。在对加涅的有关理论加以借鉴的基础上，结合体育学习特点，可以对体育知识、技术的学习过程进行深入的掌握，同时能够促进体育学习效率的提高和体育教学设计的完善。

加涅提出的学习过程结构模式如图 2-2 所示，这是学习过程中信息流程的直观体现。

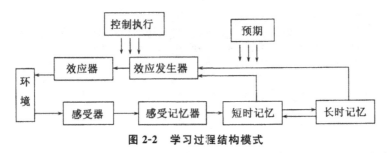

图 2-2 学习过程结构模式

图 2-2 中的学习过程结构模式图只是从感知、记忆、反应等环节将信息的流程或转换展现出来，而有关信息加工的过程并没有在该模式中显示出来，所以加涅又设计了直线型示意图来将信息加工模式呈现出来，如图 2-3 所示。

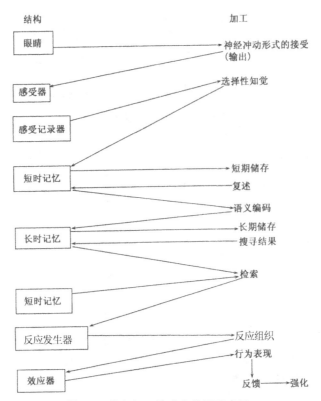

图 2-3 信息加工模式直线型示意图

从图 2-3 可知，学习者内部信息加工的过程与学习过程是一一对应关系，这对教师与学生对体育学习过程及学习过程的内在机制加以了解具有重要的意义。

第四节 体育教育的执行过程分析

一、明确体育教学目标

(一)我国体育教育总目标

我国体育教育的总目标主要有以下几个。

第一,增进学生健康。

第二,使学生对基本的体育与健康知识和运动技能能够熟练掌握和应用。

第三,培养学生的体育运动兴趣、爱好和锻炼习惯。

第四,促进学生良好心理品质的形成和人际交往能力的提高。

第五,促进学生对个人健康和群体健康责任感的加强和健康生活方式的形成。

第六,促进学生积极乐观的生活态度的形成。

第七,促进学生运动技术水平的提高。

(二)确定体育教育目标的依据

确定体育教育的目标,需要依据的现实因素有以下几点。

第一,社会发展水平,包括我国的政治需求和经济状况。

第二,体育自身的特点及其功能。

第三,人类的体育需求。

二、熟悉体育教学内容

在我国的体育教学中,主要教学内容有以下几点。

(一)基本的身体活动动作

人类为了生存所必备的本能性的活动本领就是所谓的基本身体活动能力,走、跑、跳、投、攀登、爬越、支撑、悬垂、负重、平衡等是人基本身体活动能力的体现。人体维持生存,必须具备身体基本活动能力,这是最基本的技能,在后天随着生长发育逐渐形成,没有受过任何特殊训练,也不含技术因素,但又是学生学习和掌握运动技术的基础。这些技能与人们的生活息息相关,对人的活动效率有直接的影响,所以构成了学校体育教育的重要内容,通过这方面的教育,可对青少年的基本活动能力进行培养。

(二)基础基本的运动技术

所有体育项目都是由一系列技术动作组成的,不同技术动作的完成方法和要求是不同的,而且对身体也有不同的影响。完整的运动技术包括三个部分,分别是技术基础、技术环节和技术细节。基本运动技术是一个运动项目技术中的主体,因此是学生应该学习的重点内容。而基础运动技术则是为基本技术打基础的技术,因此是学校体育教育中必须教的内容。

(三)身体锻炼原理与方法

身体锻炼原理反映了体育锻炼的客观规律,锻炼计划的安排、锻炼内容的选择、锻炼方法的运用都必须遵循锻炼原理,锻炼原理可以科学指导锻炼者的锻炼活动,使锻炼者达到理想的锻炼效果。身体锻炼原理是体育教育的重要内容,属于体育基本知识的范畴。

对科学锻炼原理及方法的传授能够促进学生身体锻炼积极性和兴趣的提高,将学生锻炼的主动性激发出来,促进学生良好锻炼习惯的养成和终身体育锻炼意识的形成。

(四)体育文化与保健知识

1.体育文化

体育文化包括相应的社会组织;规范体育活动的思想、制度、伦理道德、审视观念;未达成目标的各种改革举措以及相应成果。这些内容中,体育的产生及发展历史、制度和道德思想则更适合作为体育教学的知识点来介绍给学生。

2.体育保健知识

为了促进学生健康生活方式的形成,应在学校体育教育中,将以下几方面的体育保健知识作为重要教学内容传授。

(1)卫生的生活方式对健康的意义。

(2)合理作息时间对健康的益处。使学生学会对自己的课后学习、锻炼及作息时间进行合理安排。

(3)吸烟、酗酒和吸毒的危害,使学生树立坚决抵制的意识。

(4)常见病和传染病的传播途径和预防方法。

以上保健知识中,前两个内容作为重点内容进行介绍。

(五)体育道德与礼仪知识

1.体育道德

体育道德是社会主义道德体系的重要组成部分,是社会主义精神文明建设的重要内容,因此应该作为学校体育教育的内容来介绍,培养学生良好的体育道德素质。

2.体育礼仪

体育礼仪可以使学生在体育学习中分享其中的和谐、友谊、温馨、团结和进步,可以使学生以更优秀的状态参加体育运动和体育赛事。体育礼仪不仅是体育职业精神和职业道德的重要组成部分,同时也反映了一个国家、民族、团体和个体的文明程度。因此在学校体育教育中应该注重培养学生的体育礼仪。

三、合理选择体育教学方法

(一)常见体育教学方法的类型

从体育教学方法的外部形态出发,我国学校体育教育中常见的教学方法有表 2-1 中的五种类型,每种类型中又有具体的教学方法。

表 2-1　常用的体育教学方法

方法分类	方法内容
以语言传递信息为主的体育教学方法	讲解法
	讨论法
	问答法
以身体练习为主的体育教学方法	循环练习法
	分解练习法
	完整练习法
以直接感知为主的体育教学方法	示范法
	演示法
	循环练习法
以探究性活动为主的体育教学方法	小群体学习法
	问题探究法
	发现法
以比赛活动为主的体育教学方法	比赛法
	情境法
	游戏法

(二)选择体育教学方法的依据

在学校体育教育中,合理选择教学方法,须参考以下几方面的依据。

(1)以体育课的目的与任务为依据进行选择。

(2)以学生的实际情况为依据进行选择。

(3)以体育教材内容的特点为依据进行选择。

(4)以体育教育方法的功能、适用范围及使用条件为依据进行选择。

(5)以教师本身的条件和特点为依据进行选择。

(6)以教学时间和效率的要求为依据进行选择。

四、正确运用体育教学模式

在某种体育教学思想和理论的指导下建立的体育教学的程序就是所谓的体育教学模式,它包括教学过程结构和教学方法体系,主要从体育教学单元与教学课的设计和实施中体现出来。

体育教学模式主要由教学指导思想、教学过程结构和教学方法体系三个基本要素组成。三者的关系是教学过程结构的"骨架",支撑模式;教学方法体系是"肌肉",填充教学过程;教学指导思想是"神经",内含在"骨骼"和"肌肉"中,起协调和指挥作用。

学校体育教育中常见的教学模式有传统运动技能教学模式、发现式教学模式、小群体教学模式、快乐体育教学模式、成功体育教学模式等几种,在具体运用中,须从以下几方面出发进行考虑。

(1)以体育教育思想、理念为依据进行选用。

(2)以不同的教材性质为依据进行选用。

(3)以不同的外部教学条件为依据进行选用。

(4)以教学对象的基础条件为依据进行选用。

(5)以不同模式的特点及应用范围为依据进行选用。

五、科学实施体育教学评价

(一)教学评价的内容

教学评价是对教学过程、教学结果的价值判断,具体内容包括教学过程中教和学的方方面面。教学评价既是对教师教的态度、能力和效果进行价值判断,也是对学生的学习态度、能力和成就进行价值判断。

教学评价中对教和学的具体评价内容见表 2-2。

表 2-2　教学评价的内容

评价类型	评价内容
体育教师的教学工作评价	教学目标
	教学内容
	教学方法
	教学基本功
	教学效果
学生的学习质量评价	学业成就
	个性心理品质

(二)体育教学评价的结构内容

在体育教学评价中,有两个主要构成要素,一是"谁来评",二是"评什么",从这两个要素出发,可以得出体育教学评价的结构和内容,如图 2-4 所示。

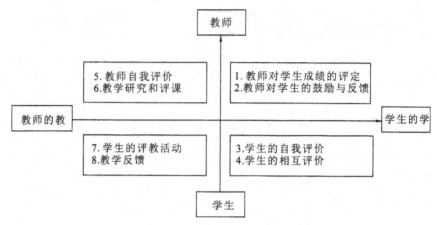

图 2-4 体育教学评价的结构和内容

(三)体育教学评价的类型和方法

1. 以教师为主体的体育教学评价

(1)体育教师对学生体育学习的评价

体育教师对学生体育学习的评价包括两方面,一是对学生学习效果的评价,二是对学生学习过程的评价,即是总结性评价(见表 2-3)和过程性评价(见表 2-4)。

表 2-3 教师对学生学习效果的评价

	分值 (100 分制)	评分内容	评分方法
体育态度	10 分	出勤率	出勤统计(主)
		态度	主观评价(辅)
体育知识	20 分	体育运动项目知识	知识考试(主)
		体育锻炼知识	主观评定(辅)
运动素质	40 分	力量素质	素质测验(主) 主观评定(辅)
		速度素质	
		耐力素质	
		柔韧素质	
		灵敏素质	
运动技能	30 分	有关运动技能的评价	技能考试(主) 主观评定(辅)

表 2-4 教师对学生学习过程的激励评价

评价内容	(1)学生的学习目标 (2)参与程度 (3)拼搏精神 (4)学习效果
评价方法	(1)表扬 (2)批评 (3)激发 (4)抑制
评价手段	(1)口头指示 (2)眼神 (3)手势 (4)技能小测验 (5)问卷调查等

(2)体育教师对教师的体育教学评价

体育教师对教师的体育教学评价包括两方面,一是体育教师的自我评价,二是体育教师互评,评价内容与方法分别见表 2-5 和表 2-6。

表 2-5 体育教师自我评价

评价内容	(1)教学思想 (2)教学方法 (3)教学模式 (4)教学效果
评价方法	(1)自评 (2)自省 (3)自我总结
评价手段	(1)回顾目标 (2)对比分析学生的前后变化 (3)听取学生意见 (4)对学生学习卡片的阅览

表 2-6　体育教师间的相互评价

评价内容	(1)教学设计 (2)教学思想 (3)教学方法 (4)教学风格 (5)教学效果
评价方法	(1)教学观摩 (2)说课活动 (3)评优活动 (4)教学评议 (5)教研活动 (6)教学总结

2. 以学生为主体的体育教学评价

（1）学生对体育教师的教学评价

学生对体育教师教学的评价内容及方法见表 2-7。

表 2-7　学生对体育教师教学的评价

评价内容	(1)教师总体情况 (2)教师态度 (3)教师知识水平 (4)教师教学水平
评价方法	以教学反馈为主,具体方法： (1)评课 (2)反馈 (3)要求 (4)建议
评价手段	(1)填写意见表 (2)课中提问和反馈

（2）学生对学生的体育学习评价

学生对学生的体育学习评价包括学生的自我评价和学生间

的相互评价,评价内容及方法见表2-8和表2-9。

表2-8　学生自我评价

评价内容	(1)自己的学习目标 (2)参与程度 (3)拼搏精神 (4)学习效果
评价方法	(1)自我暗示 (2)自评 (3)自省
评价手段	(1)回顾目标 (2)学习卡片 (3)对比前后成绩 (4)行为检点

表2-9　学生相互评价

评价内容	(1)同学的学习目标 (2)参与程度 (3)拼搏精神 (4)学习效果
评价方法	(1)互评 (2)互议 (3)学习优点、指出缺点
评价手段	(1)观察 (2)课中讨论 (3)记录卡片

第三章 学校体育课程教学体系建设与分析

现代体育教育的目标为提高教育的质量和水平,培养一大批高素质的优秀人才。而要想实现这一目标,构建一个科学、合理的体育课程教学体系是尤为重要的。本章重点深入研究体育教学的各个方面,从体育教学理念、体育教学目标、体育教学内容、体育教学方法、体育教学模式和体育教学评价等方面来构建一个科学的体育教学体系。

第一节 学校体育教学理念的更新

在现代教育背景下,随着全面素质教育的深入进行,旧有的传统教学理念已难以适应现代体育教学的要求,因此加强体育教学理念的更新是非常重要的。其中,"健康第一""以人为本""终身体育"是现代体育教学中非常重要的教学理念,有着广泛的影响力,本节就对此做出细致地分析与研究。

一、"健康第一"教学理念

"健康第一"是素质教育背景下的创新的教学理念,要求在教学过程中要始终坚持"健康第一"教学理念的指导,旨在使学生拥有健康的体魄和心理,为学生终身体育习惯的养成打下基础。在具体的教学过程中,贯彻"健康第一"的教学理念要注意以下几点要求。

(一)体育教师努力提升自己的业务素质

体育教学质量的提高在一定程度上是由体育教师的素质决定的,现代学校体育教学要求体育教师不能只是单一型教育工作者,而必须是一个科研型教育工作者,具有一定的探索精神和创造能力。这就要求体育教师对科学和人文两方面的基本知识予以全面的掌握,重点要扎实掌握体育专业的知识,了解体育教育的人文价值,掌握学生素质发展的规律性,这些都是体育教师提高自身专业素质的必然要求。同时体育教师也要树立终身学习的思想,适应不断变化的社会需求,并与任课教师、学生、家长等有关人员合作,以产生协调效应。

在素质教育不断深入的今天,学校体育教学发热发展对教师的教学监控能力也提出了一定的要求,教学监控能力构成了体育教师业务素质中的一项核心要素。它主要包含教师按教学目的对教学活动的决策与设计能力,课堂组织能力和管理能力,评估学生知识、技能的能力等。体育教师应积累实际的教学经验,积极参与体育科研,善于在工作中发现问题、探索问题,并采取科学的方法去解决问题,努力向具有良好专业素养、高超业务能力以及探索创造技能的新型教学人才转变。

(二)加强体育、卫生、美育的结合

学生在参与课堂与课外体育活动的过程中都必须注重营养的补充,养成卫生保健的好习惯,用科学的卫生保健知识来指导自己的体育锻炼实践。在学校体育教学中,教师应对大学生的运动营养给予科学的指导,让大学生对有关营养、卫生保健的知识有一个基本的认识与了解。目前,学校体育与卫生保健相结合已有良好的开端,并取得了一定的成效,但二者结合的体系还没有形成。这就要求学校在结合大学生的生长发育与生活实际的基础上开展健康教育,使大学生学会自我保护和保健的方法,预防伤病。同时,在学校体育教学中,还应注意与美育的融合,充分发挥体育教学的美育功能,陶冶和提高大学生的修养,开发大学生的智力。体育是健与美的有机结合,寓美育于体育之中,可使体育内容与形式充满美的感受,提高大学生对体育的兴趣和参与积极性,丰富大学生的审美体验,促进大学生对美的创造能力的提高。

(三)结合大学生实际情况展开教学

在学校体育教学过程中,一系列工作的开展都应在符合大学生实际条件的基础上进行,在了解大学生需求与自身条件的基础上,努力培养大学生自觉的健康意识和健康行为,尽可能将所教知识转化为大学生自觉的行动。此外,学校需立足本校学生的实际,制定综合的体育课教学大纲与教材,认真组织大学生参加体育锻炼活动,积极学习先进国家在学校体育卫生方面的成功经验。在学校开展体育课应注意适量,不应矫枉过正;对于大学生的课外体育活动,教师需给予科学的指导;学校也应多开展不同形式与规模的体育比赛,为学生的实践能力的发挥与提高提供机会。最后,学校还应该有针对性地实施与体育运动结合紧密的运动营养学、运动心理学、运动保健学等相关学科的教育,完善大学生的知识结构与体系。

(四)技术教育与健康教育相结合

在学校体育教学中,作为一名体育教师,在平时的体育教学中,要在充分运用社会体育资源的条件下开展体育运动项目,培养学生的运动特长和运动习惯,这对于学生综合素质的提高是非常有帮助的。

健康知识和促进方法对参与体育锻炼的大学生来说至关重要,传统体育教学过分关注对运动技术的传授,而对健康知识的传授没有相应的重视。然而大学生只有掌握了健康知识和锻炼方法,才不会盲目进行体育锻炼,才可以对自身情况和锻炼的效果进行客观有效地评价,才能取得好的锻炼效果。学校开展运动项目一般主要考虑场地器材、教师、学生等自身情况,而对所学习运动项目进入社会后是否能有条件继续坚持的考虑则相对较少。学校体育工作应当立足学校,放眼社会,多开设一些社会体育设施建设较好的项目,为终身体育的开展创造有利的条件。体育运动项目是参与体育运动的媒介,好的运动技术会增加大学生参与运动的兴趣,有助于大学生良好运动习惯的形成。

所以,在学校体育教学过程中,要坚持以运动技术为主,注重培养大学生广泛的体育兴趣和专一的体育特长,使大学生一专多能,同时重视健康知识和健身方法的传授,提高大学生体育锻炼的效果,促进综合素质的发展和提高。

二、"以人为本"教学理念

(一)"以人为本"发展观的内涵

从字面上来理解,"以人为本"发展观重点强调的是人的发展。人既是教育的出发点,教育的中心,又是教育的最终归宿。人的发展是教育的终极目标。此外,教育也是以人为基础,以人为根本的活动。所有的教育都必须贯彻以人为本的理念,这是现代教育发展的基本要求。用金钱标准是无法衡量现代人的自我价值和自我尊严的,教育实际上也是人的自我实现、自我理解以及自我确认的过程。以人为本的发展观要求在教育过程中将人的自由、幸福、和谐全面发展以及终极价值实现重视起来,要求体育教育突破机器的教育模式,真正转变为人的教育。对此,我们必须以现代人的视野培养现代人,以全面发展的观念培养全面型人才。人要获得全面发展,有一个最重要的基础,即拥有健康的体魄,健康、长寿才是人类发展的基本标志。在新的时代背景下,在学校体育教学中贯彻"以人为本"的教育理念是人类社会协调、可持续发展以及体育教育改革的基本要求。在新时期,"以人为本"思想将成为体育教育的主导思想。

在学校体育教学中,以"以人为本"的教学理念指导学校体育教学,要求在整个教学过程中对大学生的人性、人权以及价值给予充分的尊重与高度的重视。大学生作为学校体育教学的对象,首先是一个"人",拥有人权和自我价值,体育教育工作者应首先承认这一点,认识到这一点,这是体育教育的起点。学校体育教学工作者应该对大学生的个性发展给予充分的关注,使大学生在体育训练中张扬个性,自由展现自我。体育教学在培养大学生身心健康素质的同时,也应使大学生在体育活动中自然流出自己的人性,自由宣泄和释放自己的情感。这就要求我们要深刻理解"以人为本"的内涵,在教学过程中注意充分发挥学生这一主体的作用。

在具体的教学过程中,"以人为本"的教学理念突出反映在体育教学的人文关怀中,人作为体育教育的对象,是有理性、有情感的,思考的方向由情感决定,而思考的结果是由理性决定的。体育教育中只有先以情感人,才能以理服人。无论采取何种先进的教育方法和手段,都要注重面对面教育;不管采用多么发达的现代传媒手段,人和人之间面对面的融合和交流都是不可替代的;不管制度多么完善,人文关怀的作用与价值始终不可忽视。因此,开展学校体育工作必须要坚持以人为本,注重人的发展。

(二)"以人为本"发展观的核心

在体育教学中,"以人为本"发展观的核心具体体现在以下几个方面。

(1)要充分信任大学生的潜能和智慧,向往和追求健康体魄及身心和谐统一。

(2)在学校体育教学中以大学生为主体,尊重大学生的人格、权利,促进大学生人格的健全,维护大学生的合法权利。

(3)了解和尊重每个大学生之间的差异,因材施教,促进大学生的个性化发展。

(4)鼓励大学生充分发挥自己的主观能动性,使所有大学生都能积极主动地参与运动训练。

（5）保证大学生在体育教学中提高自己的运动能力，促进全方面发展。

（三）学校体育教学中坚持"以人为本"教学理念的基本要求

1.对学校体育教学目标的要求

要彰显和坚持"以人为本"的体育教学理念，就要改革传统体育教学模式，更新教学传统观念，将社会本位目标与学生本位目标有机统一起来。社会本位要求将社会确定为体育教学的价值主体，旨在使社会发展的需要得到充分的满足，学生本位要求将体育教学的价值主体设为学生，把握学生个体的需要，并以学生的兴趣、需要为依据展开教学工作，促进学生各方面发展需求的满足，实现学生的健康发展。只有充分结合这两个本位目标，才能促进学校体育教学目标得以充分实现。对这两个本位目标的结合要求在体育教学中不仅要注重社会价值目标，还要强调对学生学习动机和兴趣的培养，促进学生良好体育态度和习惯的形成；不仅要将学生学习期间应达成的短期目标重视起来，还应对终身锻炼的长远目标予以考虑。这一教学理念同时还要求综合考虑教学的长远功效与近期功效，使大学生得到持续永久的发展。

2.对学校体育课程内容的要求

"以人为本"教学理念要求在学校体育教学中突破"传授体育、技术、技能与接受这些内容"的单一模式，要求在体育教师的指导下，使大学生有目的地学校体育知识，获得基本体育能力来更好地适应社会。因此，在学校体育教学中选择体育教学内容时，不仅要考虑选择传统体育教学大纲所规定的技能方面的教材，还要注意选择有利于培养大学生体育兴趣、促进大学生人格发展的教学内容。具体来说，应从以下几方面着手来选择体育教学内容,从而促进学校体育教学内容体系的丰富与完善。

(1)选择娱乐性、趣味性浓郁的体育教学内容。

(2)选择具有创新性,有利于培养大学生创新意识与创新能力的教学内容。

(3)选择实用的,与社会和生活联系密切的,可以对大学生终身体育能力的形成起到积极作用的体育教学内容。

(4)选择更方便普及的教学内容,适当改造难度较大的运动竞技项目,使教学内容的难度与大学生的学习能力保持一致,这样才能提高学生学习的积极性和兴趣。

三、"终身体育"教学理念

(一)终身体育的内涵

终身体育是指个体终身从事身体锻炼和接受体育教育的过程,总体来说,终身体育主要包含两方面的内容。第一,人们在正确认识与理解终身体育锻炼后产生内在需求,形成强烈的锻炼意识,该意识会激发人们自觉参与体育锻炼,逐渐形成终身体育锻炼思想。第二,人的一生会经历不同的发展阶段和历程,不管在哪个阶段,都会在新环境中坚持锻炼,将这一习惯终身保持下去。

具体上来看,终身体育的内涵主要包括以下几个要点。

(1)终身体育贯穿于人的一生,对人的身体素质发展起着极为重要的作用。

(2)终身体育运动项目丰富多样,具体可根据个人爱好选择。

(3)终身体育面向社会全体公民,尤其是面向青少年学生。

(4)终身体育是促进公民整体素质提升,促进国家繁荣富强的有效措施和手段。

在学校体育教学中,加强终身体育教育的最终目的是使学生自觉从事体育锻炼,实现身心健康发展。要使人们养成终身体育锻炼的习惯,先要培养人们的体育锻炼意识,形成内在动机,在此基础上养成的锻炼习惯才会更牢固,更持久。

(二)学校体育教学中"终身体育"教学理念的应用与优化

1.观念优化

在体育教学中,要时刻加强学生经常参加体育锻炼观念的培养。首先应让大学生充分了解体育锻炼的好处,这是培养大学生终身体育锻炼意识的重要环节。具体而言,体育锻炼有利于促进大学生的身心健康、智力发展、社会适应能力的提高、学校效率的提高以及生命质量的提高。大学生只有认识到了体育锻炼的好处,才愿意自觉投入到体育锻炼之中。

人类生命活动的核心是意识,意识代表着心理发展的最高水平,也是反映心理发展水平的最高形式。作为意识的一个重要组成部分,体育意识指的是人们对体育的认识及在体育实践中表现出来的思想观念。体育行为是以体育意识为基本前提的。体育意识的内涵主要包括体育认识、体育情感和体育意志三个方面。一个人形成良好体育锻炼习惯的一个重要基础就是树立高度的体育意识。作为学校体育的最后环节,学校体育要注重对学生体育兴趣的培养,引导大学生正确树立体育观念。

2.课程优化

(1)课程目标

课程效果的出发点在于课程目标。在整个体育课程教学中,明确课程目标至关重要,这是促进学生积极参与体育锻炼的前提。学校在设置体育课程目标时,要客观评估大学生体能、体育基础与体育能力,在此基础上确立目标。在实施目标教学前,教师需先科学设计教学方式及内容,在教学过程中依据课程目标组织教学。

(2)课程内容

在学校体育课程教学中,不能一味注重对运动技能的传授,而忽视对学生运动能力的培养与健康的教育。学校应开发多功能和综合性的体育课程,延伸体育课堂教育,多选择能够提高大学生体育兴趣、展现大学生体育个性的教学内容,多关注学生身心健康,加强对学生终身体育意识与运动能力的培养,使学生在轻松愉悦的氛围中获得健康发展。

(3)课程评价

课程评价方面,要将过程与结果、显性与隐性等评价方式结合起来共同运用,构建一个合理的评价体系。终身体育思想突破了以往只重视对运动技术、运动能力进行评价的评价模式,强调综合评价学生的体育态度、兴趣、终身体育意识、习惯和能力,建议构建新的有机融合显性与隐性评价方式的评价模式,从而使学生体育学习的积极性切实得到提高。

3.主体优化

体育教学质量的高低受体育教师教学能力高低的影响,因此体育教师需不断适应时代发展的需求,不断调整和完善自己,树立新的教育观念,采取科学有效的富有创新的教学方法来展开体育教学工作。此外,体育教师应树立高度的自我专业发展意识,自觉强化自己的专业发展,提高自身的专业素养,增强自身的专业能力,为学生树立良好的学习榜样。此外,体育教师应加强对大学生自我锻炼能力的培养,使大学生能够独立参与体育锻炼,并从中获得进步与发展。

在学校体育教学中,为了提高教学的质量和效果,实现预期的教学目标,顺利完成教学任务,体育教师需要在体育教学中采用以学生为主体的目标教学模式进行教学,并采用与之匹配的教学方法展开教学,引发学生积极思考,使学生独立发现问题并解决问题,这是在学校体育教学中实施目标教学模式的重要一环。为了更好地发挥该模式的作用,体育教师应对学生的个体情况进行了解,仔细分析学生的学习问题及原因,找到阻碍学生进步的因素,有针对性采取各种手段和措施来促进学生学习水平的提高。

第二节　学校体育教学目标的确定

在学校体育教学中,为了保证良好的教学效果,首先就要结合具体的教学实际制定一个切实可行的教学目标,这样才能保证正确的教学方向,有的放矢,少走弯路。

一、学校体育课程目标的生成来源

关于学校体育教学目标的确立,课程目标的生成来源问题便是首先要进行探讨的问题,它能够将课程目标的具体价值很好的体现出来。

课程理论研究表明:"课程与教学目标的基本来源是学习者的需要、当代社会生活的需求、学科的发展要求。尽管不同的教育价值观对这三个来源的关系存在不同认识,尽管除这三个来源外还可能有其他来源,但这三个方面是课程与教学目标的基本来源,在这一点上,人们已取得共识。"[①]

(一)学生成长的直接需求

对于教育来说,它是一个有计划、有目的的对人进行培养的社会活动。在教育中,人是最为基本的出发点和着眼点。不管处在哪一个教育阶段,不管是哪一种教育类型,不管是哪一种课程,使人自身的生存和发展的需要得到满足,促使人得到全面、自由的发展,这些都是教学活动的中心。所以,对于学校体育课程目标来说,学生自身的需要是其基本来源。

学生的需要具有高复杂性。这主要表现在以下几个方面。

第一,它是不断生成、发展和变化的。

---

① 张华.课程与教学论[M].上海:上海教育出版社,2003.

第二,它具有个体差异性和年龄阶段性。

第三,根据时间的流动来进行划分,它有着现实生活的需要以及未来生活的需要之分。

第四,对于学习者而言,其大多数需要都是本人能够清晰、主观地意识到的,但也有一些需要学习者本人难以清晰或无法意识到的,需要得到教师或他人的引导和帮助,才能促使自身的自觉需要得到提升。

第五,就学生自身需要来看,在成长过程中,学生不仅要有增长知识,促使提高自身能力得到提高的需要,同时还要有发展价值观、态度、意志、情感的需要。所以,学生需要的内容是非常丰富的。

管理学家泰勒认为,学生的需要主要分为以下几个方面。

(1)健康。

(2)直接的社会关系,包括亲朋好友和家庭生活关系。

(3)社会公民关系,包括社区和学校的公民生活。

(4)消费者方面的生活。

(5)娱乐生活。

(6)职业生活。

需要根据马斯洛的经典需要理论可以被划分成生理需要、安全需要、归属和爱的需要、自尊的需要、自我实现的需要。根据相关研究表明:"学生的需要主要表现为:获取知识和增强各种能力的需要,自尊的需要,爱和归属的需要,充分发挥自己作用的需要,全面发展的需要,享受的需要等"[①]。

因此,学校体育课程目标对学生需要的关注,并不是说其课程目标要使不同学生的所有需要都得到满足。学校体育课程目标主要从以下几个方面出发来对学生的需要进行满足。

(1)从时间角度来对学生的需要进行考虑。

(2)从学习内容角度来对学生的需要进行考虑。

---

① 赖黎明.马斯洛动机理论与学习动机的研究[J].教学研究,2003,26(01).

（3）从学生的个体差异角度来对学生的需要进行考虑。

（二）体育课程范式的内在要求

对学校体育课程目标形成制约的基本来源是体育课程，这也是"原生性来源"。根据现代课程论的相关观点可知，知识的功能具有两个方面，一方面的功能是专门化的研究领域所必备的一种属性，这也是学生自身所具有的特殊功能；另一方面的功能是将学科领域作为一种工具，以促使个人生活的需要和社会的需要都能够得到满足的功能，这也是学科所具有的一般功能。前者指向学科知识本身的创新与建构，学科本身规律的探讨被放在首位；后者指向学科知识的运用，学科在课程体系中更多体现的是它的工具价值。[①]

大量的研究与实践表明，在对体育课程目标进行制定时，人们通常对学科的特殊功能进行着重强调，对本学科在学生智育、美育、德育中的优势进行论证，并将课程目标定位为将每一个学生培养成体育领域的专家，却对学科的一般功能予以忽视，由此造成学科内容忽视大部分人在社会生活中对该门学科知识的需要。

学校教育将体育纳入到人的课程体系之中，并不是对体育方面的专门人才进行培养，这是显而易见的。作为一门普通课程，学校体育进入到这一课程体系，它主要是为了是个人的生活需要以及社会需要得到更好的满足，其中也包含了使学生职业生活的需要得到满足。

因此，课程目标根据体育学科的功能进行确定，应尽可能地避免课程目标对学科特殊功能过于重视，而对其一般功能进行忽视的倾向。同时，也要避免另外一种倾向：对学科的一般功能过于重视，而对学科本身内在的逻辑和规律以及体育知识所承载的价值予以忽视。体育学科主要的规律就是在室外对学生开展运

---

① 曾永忠.高职体育课程体系改革与构建研究[M].武汉：华中师范大学出版社，2009.

动教育和身体教育,强调掌握运动技术,增强体能并养成良好的态度行为;体育学科最为基本的手段就是学习运动技能、练习体能和参与运动的行为。在对体育课程目标进行制定时,必须要同体育学科的基本规律相符合。

(三)社会发展的实际需要

社会的需要是指社会政治、经济、科技文化的发展对学校体育提出的要求。学校体育要同智育和德育紧密配合,对全面发展的建设者和接班人加以更好的培养。学校体育目标得以确立的基本依据就是要培养有理想、有道德、有文化、有纪律、体魄健壮的社会主义一代新人。

在学校体育教学中,学校体育教育的主要任务之一就是要促使学生的社会化发展。社会发展的需要主要是从个人发展的具体需求方面得以体现出来,使学生的需要得到满足,在某种程度上促使学生的发展同满足社会发展的需要相一致。个人发展与社会发展有一致、统一的一面。显然,社会得以良好的发展能够更好地促进大多数人的个人发展,社会如果发展不好,那么就会对大多数人的个人发展形成束缚;反之,绝大多数人的良好发展对社会的发展也能够起到积极作用,绝大多数人如果得不到良好的发展就会对社会的发展造成阻碍。因此,在现实生活中,个人良好的发展其最终重要的标志就是这种发展是否对社会的发展产生积极作用。另一方面,绝大多数人得以良好发展是社会良好发展的一个重要标志。

二、学校体育课程教学目标体系的构建

(一)体育课程教学目标要根据社会对学生的体育要求进行构建

在现代学校体育教学中,要不断满足学生的需要,这在体育课程深化改革方面这一思想起到了非常重要的指导意义。这主

要是因为需要能够产生动机,而动机会对行为进行引导。如果不能满足学生的需要,体育就会失去生命力,学生的体育学习和体育锻炼的动机也就很难得到激发。教学目标的制定必需要将学生个体的需要同国家和社会的体育要求协调、统一起来,不能因为学生个体的需要而对国家和社会对学生的体育要求予以排斥,要更好地避免将社会和国家对学生的体育要求作为"计划经济的产物",这也是"学生个性压抑"的严重偏颇。对学生个体需要进行片面的强调也是不现实、不可取的。在体育学习中,学生虽然是主体,但学生是正处在发展之中的不成熟的主体,对于自己的体育需要,他们并不一定能够有一个深刻、全面的认识,并不一定把现实的体育需要与长远的体育需要、个体的体育需要同国家与社会的体育需要进行统一起来。

学生的体育需要主要是通过对学习和锻炼内容的选择方面来反映出来。在选择体育学习和体育锻炼内容方面,大都是从个人兴趣出发,通常都是喜欢选择一些轻松的、好玩的体育内容,而对于一些比较单调的、需要付出一定意志努力才能完成的,但对于田径、体操等能够对身心发展起到很好促进作用与达到课程目标的特别有效的内容,学生大都不那么喜欢。所以,不能对学生的个体需要进行片面的强调,而对国家和社会的体育要求予以忽视。这就要求我们要站在育人的高度,通过对体育课程教学目标进行科学合理的安排,来对学生体育学习动机的正确培养与体育价值观的教育进行加强,同时对教学方法进行积极努力的改革,这样便能够更好地激发学生体育学习与体育锻炼的兴趣,这便是学校体育课程教学目标的核心及体育教学的职责所在。

(二)强调学生快乐情感的体验

在现代教育背景下,新的课程理念强调:要促使所有的学生都能够更好地体验到学习和成功的乐趣,要对学生的运动兴趣给予充分的关注。只有对学生的运动兴趣进行激发和保持,才能促使学生更加积极、自觉地参与体育锻炼,这也是促使体育课程目标和价值得以实现的有效保证,但这绝不能只是将体育课简单地理解成就是让学生玩、让学生乐,只要使学生乐得开心、玩的痛快就是好课,这与现代体育教学的理念是不相符的。

在学校体育与体育课程教学中,最基本、最主要的就是要让学生体验到学习和锻炼的成绩与快乐,但这只是学校体育和体育课程教学的一部分,即便只是从对学生情感进行丰富来说,只有快乐的情感体验是远远不够的。其实,在学校体育中快乐与艰辛、主动与被动、领先与落后、优势与劣势、成功与失败总是相生相克、相辅相成的,绝对的快乐是不存在的。[①] 教学目标应将体育教学这一特有的内涵予以充分体现出来。

(三)强调体育能力的培养

在传统的体育教学中,一般都比较注重学生运动技能的学习和培养,但在培养学生体育能力方面缺乏足够的重视。现代教育思想和素质教育要求要教会学生"学会健体""学会学习"。因而,在对体育课程进行深化改革方面,重点强调"为学生奠定终身体育的基础",要对学生独立从事科学锻炼身体的能力进行重点培养。但是,在课程教学目标中,要避免将运动技能的学习以及学生体育能力的培养对立或割裂开来,其主要应避免以下几个方面。

(1)过分强调体育与健康理论知识的教学,侧重于"体育教学要向健康教育转变"的观念。

(2)为了培养学生的独立锻炼能力,在体育教学中能够对让学生"自定目标,自选内容,自主锻炼"进行片面强调。缺少运动技能教学的标准。

(3)目前在体育教学改革中出现要实现三个转变。

①由"重视学会"向"重视会学"进行转变。

②由"重视运动技能学习"向"重视体育能力的培养"进行转变。

---

① 孙慧. 学校体育课程教学目标体系的构建[J]. 武汉体育学院学报,2005(10).

③由"重视技能掌握"向"重视情感体验"进行转变。

这便形成了一个不科学、不正确的认识，在体育教学中学生是否能够掌握体育技能和体育知识并不是主要的，对学习过程进行体验就是所要追求的一种结果。

毫无疑问，对学生的体育能力加以培养是非常重要的，但体育能力并不是空中楼阁，它必须要将运动技能作为基础，如果脱离了运动技能的学习，那么培养体育能力就变成了无源之水、无本之木。一个没有在掌握任何运动技能的人，对于自己该练什么是无从得知的，更不知道该如何练。正因为如此，《全民健身计划纲要》就提出："要对学生进行终身体育的教育，培养学生体育锻炼的意识、技能与习惯"。① 《体育与健康课程标准》也强调：体育知识技能是课程学习的主要内容。② 如果脱离了运动技能的学习，那么对体育能力进行培养就是一句空话。在学校体育课程教学目标中，不能将培养能力简单化、空洞化、庸俗化。

④强调学生的个体差异

新课程理念对于确立课程学习中学生的主体地位进行了特别强调，这主要从以下两个方面体现出来。

一是课程教学要使学生个体发展需要尽可能地得到满足。

二是对于学生的个体差异，课程教学必须要进行十分关注，以使每个学生都能从中受益。

对于学生这一主体来说，学生的个体差异是客观存在的。在学校体育课程教学中，只有对学生的个体差异给予充分关注，才能切实加强区别对待、因材施教，这样才能使每一个学生都能够从中受益。

在体育课程的教学目标中既要对体育的育人过程进行强调和体现，同时也要对体育的与人结果进行强调。全面达成学校体育与体育课程各项目标，为社会培养优秀人才作出真实的贡献，这是课程教学目标所要追求的。

---

① 孙慧. 学校体育课程教学目标体系的构建[J]. 武汉体育学院学报,2005(10).
② 同上.

第三节　学校体育教学内容体系

一、当前学校体育教学内容存在的问题

(一)体育教学内容繁多且较杂

当前,我国部分学校的体育教学内容繁多且较为复杂。这些复杂的内容的出发点可能是为了重视学生的全面发展,但是实际的情况是一学期的体育课时是固定的,有时还会赶上刮风下雨、节日放假等客观因素,这些繁重的内容根本学不过来。如果教师为了多让学生掌握一些理论知识和运动技巧而盲目提高教学进度,即便把所有内容都教完了,学生也只能学到浅层的表面知识,并不会对运动项目有一定深刻的认识,更不利于对运动项目技能的掌握,在这样的情况下,教学质量就难以得到保障。

(二)体育文化知识含量少

在学校体育教学中,主要包括体育理论教学和运动技能教学两个部分。在《全国普通高等学校体育课程教学指导纲要》中,对理论与实践的结合有明确的规定和要求。学校的体育理论知识包含多种内容,包括奥林匹克精神、体育道德风尚、体育人文精神、体育化欣赏等。但在我国各类校园中的现实是,体育教师往往更重视身体练习这样的实践课,轻视理论学习。学校体育理论知识的学习并没有得到系统的整理,在有的学校更没有纳入到体育教学内容中,且与此相关的部分教学内容没有针对性,这就让学生基本得不到体育文化的学习与认识,只知道去练习、去做动作,而不知道为什么要学习这个动作、做这个动作能对自己有什么影响等。

(三)体育教学内容过于陈旧和单一

很长一段时间以来,我国学校体育教学都追求教学内容体系的完整性,而缺少对现代流行体育内容的关注。这样就造成运动项目的知识和技能训练的内容稍显过时和陈旧,学生没有新鲜感,就会觉得没有意思,提不起兴趣。

此外,在现代社会背景下,各种健身和娱乐的体育内容不断涌现,这些内容也影响到了当代大学生,逐渐走入大学校园,但受到相关教育思想的压制,这些新一代的健身性和娱乐性的内容没有被学校体育教育所接纳,体育教师在教学实践中墨守成规,不愿意进行创新的尝试,无法激起学生学习的兴趣,因此教学质量就难以得到有效提高。

二、学校体育教学内容结构的优化

(一)主观目的性的改进

目前,学校体育教学内容体系应该多融入一些主观目的性,只有在客观的需求完全吻合主观目的时建立起来的体育教学内容结构才是稳定的和合理的。

第一,因为不同年级的大学生在不同的学习阶段,对教学内容的需求也不一样,所以体育教学内容结构要对应不同的阶段,所以在确定教学内容结构时要综合阶段需求,进行认真的选择和合理的组合。

第二,体育教学内容的结构要遵循学生的认知和接受的规律,帮助学生形成合理的认知结构、技术技能结构、能力结构、体育方法结构。

在体育教学中,学校体育教学的目标应该集中在提高学生对学习体育项目的兴趣、锻炼基本的技术动作、培养学生的各项素质上,在初级阶段教学内容不宜过难,可以更轻松、更灵活。在简单了解所学课程的基本知识,让学生对运动产生一定兴趣后,教学内容结构应该有所变化,由浅入深。这样才能促进体育教学目标的实现。

(二)关联性的改进

在学校体育教育中,体育的理论知识和运动技能是极其丰富的。因此,在体育教学内容结构的关联性主要体现在课程上就要对现有的知识结构进行有效扩充,包括新的运动技术、好的技能基础等,为学生进一步的学习发展打造良好的基础。

一般来说,体育教学内容结构的关联性主要包括以下两个层次。

第一个层次是横向广泛性。一方面要涉及锻炼原理、锻炼卫生、保健学、营养学、竞赛规则等基础的体育知识;另一方面要能够促进身体发展的各种运动技术技能和练习方法,这些内容对于学生形成良好的体育态度和习惯具有重要的意义。

第二个层次的关联性是纵向的复合性。依据体育教学的客观规律,对某项内容的学习逐渐往深层挖掘,也就是纵向的发展。但是学校的体育教学目标是多元复合的,需要横向纵向的有机融合,利用体育教学内容结构关联性让学生得到创造性发展的机会,展现自身价值。

(三)动态性的改进

随着现代教育的不断发展,一些新的知识理论也会应运而生。体育运动的丰富性不断增加、范围不断扩大,这都为体育教学内容结构的优化提出了更高的要求,因此如何保证体育教学内容结构紧跟体育科学的发展步伐、满足社会发展的需求已经成为体育教师们无法回避的课题,需要体育教学内容的结构具备动态性。

动态性可以保证出现和产生的全新体育知识理论能够及时反映在体育教学内容中。此外,社会不断发展导致会对人才素质有了更高的要求,如社会需要能适应快节奏、高竞争、重压力的人才,这些要求应该反映在学校的体育教学体系当中。总而言之,体育教学内容结构应该具备动态性显得十分必要。

(四)包容性的改进

学校体育教学内容结构需要又一定的包容性,包容性的含义为体育教学内容结构的相互渗透、融会贯通。体育教学整个的内容体系做到相互联系,形成一个完善的网状知识结构,产生"1+1>2"的效果。包容性强的教学内容结构的纵向、横向的关联渗透的效果需要教学内容的包容。体育教学内容结构的包容性会为教学内容的选择带了更大的空间,也使得体育知识技能拥有更大的综合性。

(五)实践性的改进

实践性是体育教学的关键因素,同时也是体育的本质特征。学习理论知识的目的是让学生正确理解体育课程,理解相关动作技能的原理。所以在安排体育教学内容时要考虑其对完成教学目标的重要程度,要与其他部分相辅相成。也就是说让体育教学内容结构具有多种内容有机合成的综合性特点,而该特点都是建立在教学内容结构上。

三、学校体育教学内容资源的开发

(一)体育课程教学内容资源开发与利用的原则

在学校体育教学中,开发与利用体育课程教学资源,需要坚持以下几项基本原则。

1.教育性原则

在体育教学内容资源的开发中,坚持教育性原则是非常重要的。体育课程在全面培养学生素质方面具有其他学科无法比拟的功能,体育课程在培养学生集体主义精神、团结合作意识、公平竞争理念、坚强意志等方面的独特作用更是其他课程所不可替代的。所以,对体育课程资源的开发与利用必须将资源的教育性功能凸显出来,充分发挥资源在全面培养人才方面的作用。

2. 健康性原则

坚持健康性原则,即要看体育教学资源是否对学生健康发展有利。促进学生健康发展既是体育教学的基石,又是体育教学的终极目的,只有以身体练习为主要方式,规范教学,科学锻炼,才能促进学生健康发展。所以,必须挖掘健康的体育教学资源,挖掘对学生身心健康有利的,能够提高学生社会适应能力的教学资源。其中,是否有利于学生身体健康是根本衡量标准,体育教师在开发体育课程内容时要高度重视这一点。

3. 兴趣性原则

"激发和保持学生的运动兴趣",这是体育新课程的一个重要理念。兴趣是学生学习的动机,是学生有效学习的基础保证,学生的学习行为和学习效果直接受学生对体育课兴趣的影响。所以,对体育课程资源进行开发与利用,要详细了解学生的身心特征、学习基础与运动能力,选择能够满足学生需求,符合学生个性的内容资源,在内容实施中,教师与学生要相互合作,增加互动,争取在轻松愉快、和谐的课堂气氛中完成课堂教学任务,达成课堂教学目标。

4. 个性化原则

个性化原则指的是开发利用体育教学资源时要立足学校实际,将本地或本校体育资源的特色充分体现出来,使该体育教学资源成为本校独具特色的标志性资源。开发利用体育教学资源的活动是一项创造性活动,如果不突出资源的特点,开发利用活动也就没有了创造元素。目前,我国学校体育教学内容普遍存在机械主义、形式主义等弊端,开发利用资源时不考虑本地本校的实际情况,一味追求统一,或直接借鉴其他学校的经验,丝毫没有呈现出民族特色、地方特色、专业特色,这样也难以发挥体育教学内容的功能与作用。因此,在今后的体育课程教学资源开发利用中,必须坚持个性化原则,强化地域特色,将学校的优势资源充分利用起来,形成本校的特色,从而树立学校品牌,提高学校的影响力。

5.可行性原则

开发与利用体育教学资源需要有一定的人力、物力、财力等基础资源作保障,要想在节约资源和节省精力的基础上达到最理想的开发利用效果,就必须坚持可行性原则。开发和利用体育教学资源必须依据学生主体的现实情况,依据不同阶段学生学习的特点来进行,全面考虑学生的需要,这样开发出来的体育教学资源才能得到有效的运用和实施。因此,要在教学决策的总框架之内对体育教学资源进行开发与利用,但要将开发利用的幅度掌握好,使体育教学资源的开发利用既有约束性,又有灵活性,并保持二者的平衡状态。

6.发展性原则

坚持发展性原则,促进学生的全面发展,就是指保证开发出来的教学内容资源能够有效培养学生的身体活动能力和体育实践能力,提高学生的运动技能和创新能力。

(二)学校体育教学内容资源开发的策略

1.挖掘体育教学中丰富的运动项目

(1)挖掘新兴体育资源

为了促进学生健康发展,提高学生的学习兴趣,应开设价值丰富的新兴运动项目,移植欧美流行的体育运动项目,简化或改造新兴项目的动作技术,重新整合这些项目的练习方法,实现新兴体育运动项目的本土化,对这类资源进行深度开发。

(2)挖掘民族民间体育资源

挖掘与开发富有特色的民族民间体育资源,能够给体育课堂教学注入新鲜的血液,形成独具一格的新特色。学校可以从当地引入一些民族项目,但要注意其在体育教学中的可操作性。

2.加强体育场地设施的开发与利用

首先,为了更好地引进体育教学资源,并确保这些资源与学生的生理、心理特点相符,必须适当改变与调整学校现有的体育场地、器材等客观条件,使其适应学生的特点,满足学生的需求。

其次,应坚持合理经济、高效实用的原则创造性地开发体育器材,充分挖掘学校体育场地设施资源,加强对场地设施的纵深开发和多功能利用。

3.利用有价值的体育信息资源

体育教师和学生要根据体育教学的需要充分开发、运用高效能的体育应用软件,加强对体育专题网站、电子公告牌的建立,以不同形式将体育信息展示出来,将现有的信息资源充分利用起来,促进学生学习积极性和锻炼主动性的提升,进而促进体育教学质量的提高。同时,要培养体育教师使用多媒体技术进行教学的能力,提高体育教师的教学素养。

四、学校体育教学内容体系的建设

(一)转换传统的教学思想

当下,学校学生体质逐渐衰退的现状已成为客观事实,这和有的学生不重视体育课有很大关系。要想改变这种现状,就要从根源上去发现问题和解决问题。"生命在于运动"的基本思想,体现了运动对健康的重要性。所以在素质教育中一定要注重体育教育,落实"健康第一"的思想观念,让学生形成良好的体育运动习惯,通过运动来推动体育教学内容的改革,建立适应社会的体育教育体系。现在不同教育思想的结合也为这建立全新的内容体系带来了更多的可能性,而且体育教育要延展到校外,培养学生锻炼的习惯,形成终身锻炼的意识。

(二)健身性和文化性的结合

体育这门课程区别于其他课程的一点就是体育课具有独特的健身性,而健身性也是体育教学本质属性的反应。文化是人类认知世界、适应环境、改造世界后的出现的产物,根据这种定义来说,体育本身就是众多文化中的一种。体育的文化性要求体育教学内容对提高学生体育认知起到应有的促进作用,更要对学生的体育道德起到熏陶作用。所以,体育教学内容体系中的健身价值和丰富文化内涵体现出体育运动的健身性和文化性,在学生的学习过程中能够直接显现出来。

(三)实践性与知识性的结合

学校体育教学的过程需要实践性和知识性的结合,通过这样的结合方式去实现教学目标。通过实践,使学生身体的各个部位得到锻炼的同时,感受体育的乐趣,养成良好的品格。然而要达到这些结果,又依赖于教学内容实践性与知识性的结合,一方面需要教师进行基本理论知识的讲授,另一方面更重要的是学生要在强化在实践中去体验和理解。学校体育教学内容体系就是教学内容实践性与知识性的有机融合。

(四)继承性和发展性的结合

在各学校的体育课程中,不光要有足球、篮球等现代竞技项目,也要适当加入我国的民族传统体育。民族传统体育有着源远流长的历史,是中华文明的瑰宝,加入这些内容让传统文化和宝贵文化遗产得以继承,还可以极大地丰富体育教学内容,而这也发扬了体育教学内容的继承性。

(五)民族性和开放性的结合

体育教学中,在形式和内容的体现上很大程度和一个国家或民族的传统文化和习俗有重要关系。现代社会中,一些很流行的竞技体育项目都具有民族特点,如我国的传统武术、起源于欧洲的击剑、发源于韩国的跆拳道、开创自古希腊的马拉松等,具有厚重的民族色彩。

所以,在学校体育教学内容体系中,教学内容的民族性就是要积极吸收我国优秀的带有民族特色的运动项目,发挥他们强身健体的功能的同时,彰显其优秀传统的教育效应。但同时也要保证体育教学内容的开放性,允许它接受来自不同文化和领域的影响,敢于冲破约束和枷锁,同时保障民族体育内容的发扬与传播和世界优秀文化内容的"取其精华,去其糟粕",形成一个有机整体,完善教育教学内容体系。

(六)统一性与灵活性的结合

体育教学内容体系面向全体学生,所以要制定出相对统一的标准,这样就可以为学校体育教学确立一个相对规范化的目标,但这并不意味必须整齐划一。首先,中国幅员辽阔,各地教育水平不一,教学的基础不尽相同。其次,每个学生的身心发展存在差异,体育基础与接受能力也不相同,同龄人也会表现出不同的特点。所以教学内容不能太过僵化,要留有余地,灵活面对各种状况。具体的教学内容体系的构建,要依据学生的特点和本校教学条件,权衡利弊后选择,这样才能使所有学生的身心都能得到全面的发展。

(七)学生主体需要与社会相结合

科学合理的学校体育教学内容体系,应该更加贴近社会和生活,这样对大学生提前适应社会十分有益。学校体育教学的内容要使不同年龄阶段、不同发展水平的学生能够在科学的体育教学体系指导下得到全面的锻炼。大学生具备社会适应力后,逐渐成为社会所需的人才,使科学的体育教学体系与社会的需要有机的、客观的相结合,这样既能满足学生主体发展的需要,也能满足社会的需要。

第四节　学校体育教学方法体系

一、体育教学方法的含义

体育教学方法,即为实现体育教学目的而采用的手段、方式、措施和途径等的总和。具体而言,体育教学方法的概念为:在体育教学过程中,为了达到体育教学目标和实现体育教学目的而由师生所采用的可操作性的教学方式、途径和手段的总称。

(一)体育教学方法是"教"与"学"的统一

体育教学方法是教与学的统一,只有师生之间实现有效的双边互动,才能够更好地发挥体育教学方法的价值与作用。体育教学活动可以简单理解为"教师的教"和"学生的学"两个层次的内容,教师和学生是教学活动的主体。体育教学方法和手段都是针对学生来选择与运用的,教师和学生之间具有密切的关系,在师生的双边互动中,体育教学的任务和目的逐步实现。因此,教和学这两方面的内容贯穿于体育教学方法实施的始终。

(二)体育教学方法是师生动作和行为的总和

在体育教学中,体育教学方法也是师生之间行为动作总和的体系。体育教学方法一个重要的特点就是注重教学语言要素的同时,更加注重动作要素。体育教学过程中,各种动作的掌握和熟练都需要教师进行示范、讲解以及纠正,并在此基础上,学生重复进行练习,才能最终掌握相应的技术动作。因此,体育教学方法是教师和学生的动作和行为的总和。

(三)体育教学方法和教学目标不可分割

体育教学方法具有重要的目标性特点,如果脱离了目标,那么体育教学的方法也就失去了其存在的意义。体育教学方法应与体育教学目的之间保持密切的联系,教学方法的实施应能够促进体育教学目标和任务的实现。因此,体育教学方法作为体育教学的重要组成部分,其服务于体育教学的目标和任务。体育教学方法和体育教学目标之间具有一定的不可分割性,如果将两者割裂开来,那么体育教学方法没有明确的方向,会表现出一定的盲目性,就无法实现教学目标。

(四)体育教学方法的功能具有多样性

现代体育教学不仅注重学生动作和技术的掌握,以及各方面身体素质的增强,它更加注重学生的全面发展。因此,体育教学方法的功能也具有了多样性的特点,多功能的体育教学方法不仅能够在一定程度上促进学生运动能力的增强,还能够促进学生思想道德品质、心理素质等方面的发展,对于学生的全面发展具有重要的促进作用。

二、体育教学方法的分类

发展到现在,体育教学方法越来越多样化,如何对其进行分类是一个关键的问题。但是,目前对于教学方法的分类缺乏统一的标准和依据,因此众说纷纭。通常,体育教学的方法分为两个基本大类:教法类和学练法类。

(一)教法类

1.知识技能教法

知识技能教法包括基本知识的教法和体育技能教法两种。

（1）基本知识的教法

基本知识的教学主要包括体育保健类知识以及体育的相关理论等的教学。体育基本知识的教学方法同其他学科的教学方法类似，这类教学方法进行分类时也较为复杂，根据不同的分类依据可将其分为不同的类别。

在体育教学过程中，教师在选择相应的体育教学方法时，要注意教学的情意活动和它的多功能作用的发挥，要将体育教学的基本知识与体育活动的具体实践密切结合起来，教学方法要具体可操作。

（2）体育技能的教法

体育技能教学方法，即一般意义上的运动教学方法，这是体育教学方法中与其他学科的教学方法有很大差别的部分。在采用相应的体育教学方法时，应首先确定体育教学的目的。教师应首先明确教学的目的是为了使学生掌握运动技术技能，还是为了发展学生身体或是要达到其他什么目的。其次，应对体育教学的内容进行分析和处理，运用相应的动作教学方法来实现相应的教学任务。体育教学的目的以及体育教学的内容不同时，活动的方式也会有很大的区别，这时就需要采用不同的动作方法和策略。因此，体育技术技能教学方法具有灵活多变的特点，应根据具体的教学情况进行随机应变。

2.思想教育法

思想教育法是对学生进行思想品德教育和美育的方法，这也是体育教学的重要任务之一。在开展相应的思想教育时，应结合体育教学的特点采用相应的教学方法，确保教学能够收到很好的效果。体育教学方法的运用要能够促进学生顽强拼搏的意志品质的形成,培养其团队协作的意识,要促进学生个性意识的发展,并促使其形成正确的价值观念和审美观,培养其探索性和创造性思维。

(二)学法类

学法类即为指导学生进行学习的方法,这也是体育教学的重要方面。在进行体育教学时,指导学生进行学习的方法应注重以下几方面的内容。首先,应确保学生能够较好地掌握前人积累和总结的知识和经验,在继承的基础上求得发展;其次,学生应将相应的知识和经验与自身的个性特点相结合,从而最终形成终身体育意识与拥有相应的能力。

总而言之,学法类的教学方法应使学生不仅能够掌握相应的知识和技能,还要使其愿学、会学,并且在以后的工作和生活中能够对所学的知识进行运用,使其养成良好的体育锻炼习惯。

(三)练法类

练法类教学方法对于学生的身体素质以及各项运动技能的发展具有直接的作用和效果,在教学过程中,学生应能够理解和感受身体运动时的各项体验。在教学过程中,具有众多的身体锻炼的方法,其效果也是因人而异。学生的学练法可划分为以下三个阶段。

(1)第一阶段。第一阶段为建立动作技术的直观表象阶段,通过听、看、思、记等手段来实现相应的学习,具体的方法包括:观察法、聆听法、探究法、形象思维法、归纳思维法、有意记忆法、理解记忆法、联想记忆法。

(2)第二阶段。第二阶段为运动技术的实施和矫正阶段,具体的教学方法包括:模仿练习法、分解练习法、完整练习法、表象练习法、重复练习法、变换练习法、间隙练习法、游戏练习法、循环练习法等。

（3）第三阶段。第三阶段为动作技能的巩固和提高阶段,具体的方法包括:强化练习法、提高难度练习法、比赛练习法等。

另外,在体育教学过程中,各种教学方法既可以单独使用,也可以进行有效地整合,从而形成一定的方法体系来运用。在体育教学过程中应使学生明确各种练法的作用和意义,并把握不同练法之间的联系,从而能够自如运用。

三、体育教学方法的选择与优化

(一)体育教学方法的选择

1.选择体育教学方法的具体参考依据

（1）参考体育教学目标

在体育教学中,制定一个科学合理的体育教学目标是非常重要的,体育教学目标具有多层次性特征,身体发展目标、技能发展目标、知识发展目标等都是其不同层次的表现。为了实现不同的教学目标,应采用不同的教学方法。在体育教学中教学目标并不是孤立的,它是多种目标的综合,而每一单元、每一堂课目标的侧重点是不同的。因此,在教学过程中,应根据具体的课堂教学目标选择重点发展某一方面的教学方法。课时教学目标是体育教学总目标的具体化,这一目标具有很强的指导性。它既有相应的运动技能和运动理论方面的知识,也有心理和品质品格方面的内容,在具体的体育教学中,针对不同层次的教学目标,要选择相应的适宜的教学方法。这样才能有利于体育教学目标的实现。

（2）参考体育教材内容

体育教学的内容与教学方法之间的关系非常密切,如对一些技术动作教学内容应采用主观的示范操作的方法,而对一些原理和知识结构方面的内容则应注重运用语言法进行讲解。不同性质的体育教学内容,应采取相应的教学方法。每一种教学方法为实现一定的目标而运用在某一教材内容时,其效果也会表现出一定的差异性。因此,在体育教学过程中,应注重教学方法的灵活性。

（3）参考体育教学环境

一般来说,一个良好的教学环境能有效促进教学质量的提高。教学环境主要包括场地器材、班级人数、课时数等,同时,外界的社会文化环境也对教学环境具有重要的影响。教学环境必然会对教学方法产生制约作用。例如,一些直观教学方法需要借助一定的教学器材才能实现相应的教学目标,而学校体育教学资源的具体情况在一定程度上对教师采取的教学方法具有重要的决定性作用。

教师在体育教学过程中,应充分利用现有的教学环境,选择合理的教学方法,最大限度的利用现有的场地、器材条件。

（4）参考学生的实际情况

在体育教学中,教师采用多种教学方法的最终目的是促进学生更好地学习。因此,在选择相应的体育教学方法时,应与学生特点及其实际情况相符合。学生的实际情况表现多方面的内容,主要包括学生的年龄特点、性别特征、身心发育状况以及相应的知识储备和学习能力等。

在不同的年龄阶段,学生的身心发展也呈现出不同的特征。一般来说,低年级学生和高年级的学生其身心发展特点会表现出鲜明的差异性。另外,男女性别上的差异性也会导致其对于体育的态度有所不同,因此,在具体的体育教学中,教师要结合学生的具体特点合理选择教学方法。

学生的经验和知识储备以及其相应的学习能力也是教师选择不同的教学方法的重要依据。对于知识储备量较为丰富,已经掌握了基础的知识技能,并且学习能力较强的学生,其在学习新的体育技能时能够更快、更好地掌握。此时,教师可采用合理的教学方法促进学生的技能水平向着更高的水平发展。

（5）参考教师的自身条件

体育教师是各种教学方法的实施者，其自身的素质对于教学活动的效果具有重要的影响。体育教学如果能力和素质有限，则将不能发挥相应的教学方法的作用，从而对教学活动产生消极的影响。因此，教师在选择相应的教学活动时，应对自身的专业素养、能力水平以及教法特点有着客观的理解。

一般情况下，体育教师所熟练掌握的教学方法越多，则其越能够根据自身以及学生的实际情况选择出最佳的教学方法。不同教师根据学生实际状况采取同样的教学方法，也会得到不同的教学效果，可见教师自身条件极大地影响着体育教学活动。所以，教师要提高认识自身素质与教学风格的意识，掌握多种教学方法并根据具体的教学实际及时更新，以适应学生不断发展的需要。

2.选择体育教学方法需要注意的事项

（1）注意师生之间的协调配合

在体育教学中，不管是何种教学方法，都应考虑到"如何教"和"如何学"这两方面的问题。在以往的体育教学中，片面强调以教师为中心，教学方法也只是注重教师"如何教"的问题，而对于学生在教学过程中的作用则选择性地忽略了。例如，教师在动作示范时，只考虑动作的优美和协调性，而没有考虑学生的感受，从而使得学生的学习效果不佳，影响教学活动的开展。

因此，体育教学方法的应用应考虑师生双方的合理配合，这样才有利于取得理想的教学效果。

（2）注意学生内部与外部活动的配合

学生的学习过程是内部活动和外部活动的综合体现，因此，在选择相应的教学方法时，应注重两者之间的配合。所谓内部活动，即为学生的心理活动以及相应的生理生化反应等方面；外部活动则是其动作质量、情绪、注意力等方面。

在选择相应的体育教学方法时，应注重这两者之间的配合。

教师应善于分析学生的内外活动变化,有机结合指导学生外部活动的方法与激发学生内部活动的教学方法,以促进学生主动积极地参与到体育学习中。

在选择体育教学的方法时,还应对多种教学方法进行对比分析,从而确定最佳的教学方法。在教学过程中,应明确不同的教学方法适应什么样的教学内容,能够解决什么样的教学问题,能够对什么样的教学对象起到更好的作用等。

(3)注意不同学习阶段的前后配合

学生在进行体育学习的过程中,在不同的学习阶段会表现出不同的特点。体育教学方法的应用应考虑到学生学习知识的不同阶段的前后配合。例如,在动作学习过程中,应注重"模仿型"向"创造型"的过渡,并实现二者的有机结合。

学生的学习过程是由不了解到熟悉的过程。在学习的初始阶段,往往以模仿学习为主,之后学生就会形成动作定式而完全摆脱模仿,从"模仿型"过渡到"创造型"。这两个阶段之间具有一定的联系和区别,教师在教学的过程中要高度重视起来。

(二)体育教学方法的优化

1.最优性原则

在具体的体育教学中,经过优化组合的教学方法在组合过程中时常会遇到这个问题,即同一个教学任务和教学方法优化组合之后,往往能够产生很多套教学方法,同时各项教学方法都存在独特之处。为此,教师往往需要选择和确定最终使用的教学方法,教师在选择过程中一定要全面分析各项情况,认真完成筛选工作,选择适宜的教学方法。

2.综合性原则

综合性教学原则是指教师在优化组合各项体育教学方法时,应当对教学方法在教学活动中的作用和联系进行全面、辩证地看待。第一步是充分保证教法和学法的统一,注重与学生之间的协调配合,如此才能取得理想的教学效果。

3.灵活性原则

选择体育教学方法时还要遵循灵活性原则。因为截然不同的教学方法和优化组合,在某些情况下能够实现相同的教学目标,所以说体育课程教学方法存在替补的可能性。因为体育教学活动是不断变化的,所以教师在教学活动中应当实际情况灵活处理。从根本上说,教学过程就是一个动态过程,分析教学过程中内部因素和外部因素的关系可以发现,教学方法优选是一个变量,所以教师在优化者和应用体育教学方法时应当把各方面的变量都考虑在内,灵活选择和运用体育课程教学方法。

4.创造性原则

创造性原则是指在具体的体育教学中,改造、组合、创新已经存在的教学方法,促使教学方法结合实际情况加以调整,最终使体育教学方法的作用发挥至最大。因此,体育教师应当充分发挥自身智慧,将自己掌握的教育技巧发挥得淋漓尽致,借助多种手段完成体育教学方法的再创造。在体育教学中,教师可以通过改变教学方法要素、变换教学方法组合方式、张扬教师个性等达到具体目标。

第五节 学校体育教学模式体系

一、体育教学模式的概念

目前,关于体育教学模式的概念并未形成一个统一的认识,众多专家和学者各持己见,有着不同的见解。

（1）杨楠认为，体育教学模式是"体现某种教学思想或规律的体育活动的策略和方式，它包括相对稳定的教学群体和教材、相对独特的教学过程和相应的教学方法体系"。

（2）李杰凯认为，体育教学模式"是蕴含特定的教学思想，针对特定的教学目标，在特定教学环境下实现其特定功能的有效教学活动与框架，是以简洁形式表达的体育教学思想理论和教学组织策略，是联系体育理论与体育教学实践的纽带"。

（3）樊临虎认为，"体育教学模式是指在一定的教学思想或理论指导下，设计和组织体育教学而在实践中建立起来的各种类型体育教学活动的范型，它以简化的形式稳定地表现出来。"

（4）毛振明认为，体育教学模式是"按照一定的体育教学理论或教学思想设计，具有相应结构和功能的体育教学理论或教学活动模型"。

综上所述，体育教学模式即"体育教学思想特定，用以完成体育教学单元目标而实施的稳定性较好的教学程序就是所谓的体育教学模式"。

二、体育教学模式的构建

（一）体育教学模式构建的依据

1.体育教学目标

体育教学模式构建与运用的关键是教学目标，体育教学模式需要体育教学思想与目标为其指明方向。体育教学思想与目标也是区分教学模式的一个标准。体育教学目标在新课程改革之后有所变化，主要涵盖了以下四个方面。

（1）提高学生运动参与能力与积极性的目标。

（2）促进学生身心健康的目标。

（3）促进学生正确掌握运动技能的目标。

(4)提高学生社会适应能力的目标。

上述体育教学目标要求在体育教学中要构建与选用情境体育教学模式、探究体育教学模式以及成功式教学模式等进行教学。

2.体育教材

体育教师讲课和学生进行学习都离不开教材,体育教材可以说是体育教师与学生共同完成体育教学目标的内容载体。通常把体育教材分为概括性教材与分析性教材两大类,这主要是以体育教材内容的性质为依据划分的。

(1)概括性体育教材

这一类教材中没有较难学习的运动技术需要学生掌握,对概括性教材进行讲解的主要目的是使学生对体育项目有简单的了解、培养学生体育学习的兴趣、促进学生的身心健康。学生在学习该类教材时主要是注重体验乐趣,获取快乐,所以要构建并选用快乐式教学模式、情境式教学模式以及成功教学模式进行教学。

(2)分析性体育教材

这一类教材中的运动技术具有一定的难度,对这类教材进行讲解的主要目的是提高学生的自主学习能力与创新能力,促进学生体育知识与技能的增长,学生在学习该类教材时注重培养学习与创造力,所以要选择构建主动性体育教学模式、发现式教学模式以及领会式体育教学模式等进行教学。

3.学生

体育教学活动离不开学生这一教学主体,体育教学活动中,学生也是其中非常重要的一个组成部分,所以要针对不同学生的具体情况与特点来对教学模式进行构建。学生的学习阶段按年龄大致可以分为小学、中学、大学三个时期。不同学习时期,学生的身体与心理情况是有明显不同的,所以体育教学模式的构建要考虑到不同学习阶段的学生的具体情况。

学生在大学时期,主要是接受专项体育运动教学训练,因此适合这一时期的体育教学模式有技能性体育教学模式,同时也要发挥体能性体育教学模式的辅助作用,所以对这两种教学模式的构建极其重要。

4.体育教学条件

不同地区或学校的体育教学条件具有明显的复杂性与差异性。体育教学场所、设施与器材也有差距。针对这一情况,体育教师要实事求是,从实际出发,构建恰当的体育教学模式来完成教学目标与任务。农村学校的教学水平与条件有限,因此不适合构建并选用要求外部教学条件十分良好的小群体教学模式。

(二)体育教学模式构建的步骤

概括地讲,新型体育教学模式的构建步骤主要如下。

(1)明确指导思想。选择用什么教学思想作为构建模式的依据,使教学模式更突出主题思想,并具有理论基础。

(2)确定构建模式的目的。在明确指导思想的基础上,确立建构体育教学模式所达到的目的。

(3)寻找典型经验。在完成第一步的基础上,通过调查研究,寻找恰当的典型经验或原型作为教学案例,案例要符合模式构建思想与目的。

(4)抓住基本特征。运用模式方法分析教学案例,对教学案例的基本特征与教学的基本过程进行概括。

(5)确定关键词语。确定表述这一体育教学模式的关键词。

(6)简要定性表述。对这一体育教学模式进行简要地定性表述。

(7)对照模式实施。对照这一体育教学模式具体实践教学,进行实践检验。

(8)总结评价反馈。通过体育教学实践验证,对实践检验的结果进行归纳总结,通过初步实践调整修正模式,并反复实践以不断完善。

(三)体育教学模式构建的原则

1.统一性与多样性并存的原则

体育教学模式构建的统一性是指在构建和创造体育教学模式时,要继承新中国成立以来我国体育教学思想和成功经验。新型体育教学模式构建的多样性是指在开发和构建体育教学模式时应尽量实现多样化,避免单一化与程式化的不足。

2.教学目标、内容、结构与功能相统一的原则

从本质上讲,新型体育教学模式的建构是处理好学校体育教学活动中形式与内容、结构与功能的关键问题。所以,体育教师应该对各类体育教学课堂结构和形式的功能于作用进行全面分析,并以教学目标和条件为根据对教学模式作出比较合理的选择。

3.借鉴和创新相统一的原则

体育教学模式要坚持创新与借鉴的统一性。这里所说的借鉴具体是指借鉴两方面的内容,一方面要借鉴国外的先进教学模式理论;另一方面是要借鉴国内的先进教学模式理论与成功教学经验。

随着全球化趋势的加强,学校体育教学也必然要受到教育全球化的影响,不对国外先进教学模式理论加以借鉴或借鉴之后缺乏创新都是固步自封的落后表现。因此要有机结合创新与借鉴,这样才能运用成功的经验,吸取失败的教训,不走或少走弯路。具体来说,统一借鉴与创新,就是要以正确的体育教学思想为指导,革新原有的落后的体育教学模式,借鉴前人和他人的成功经验和理论,结合教学中的客观实际,提高体育教学的效率。

第六节 学校体育教学评价体系

一、体育教学评价的概念与分类

(一)体育教学评价的概念

对体育教学活动价值及优缺点作出评价的过程就是体育教学评价,在这一过程中,必须具有一定的教学目标和相应的标准作为其判断的依据。体育教学评价是在系统的调查和分析的基础上进行的,学校和教师以教学评价结果为依据,合理调整体育教学过程的各方面环节。

体育教学评价,是按照一定的教学目标,运用科学的教学方法,依据相应的评价标准,对体育教学的过程和结果等给予的价值评判,其目的在于为改进体育教学的质量提供相应的信息和依据,最终实现学生的全面发展。还有的学者认为,体育教学评价是依据体育教学目标和评价原则,对"教"和"学"两个方面进行的价值判断和测评。

综上所述,体育教学评价是对结果和过程的价值判断,它既包括对教师也包括对学生的评价,同时,它对教学活动的目标、内容、手段、方法等各方面诸多因素都会进行相应的评价。其评价的重点则在于体育教学的质量和学生的学业成就方面的评价。

体育教学评价的内容主要包括体育"教"与"学"两个方面的内容。在体育教学过程中,学生的学习能力、学习态度和学习成绩等方面的变化,都在一定程度上反映了体育教学的结果。对体育教学活动的结果进行评价和分析是对上述内容的评价和分析。因此,学生学习评价也是一项重要的评价内容。

综上所述,体育教学评价既包括对体育教师的各方面工作、能力和态度的评价,也包括对学生的学习能力、效果和态度等方面的评价。

(二)体育教学评价的分类

除了过程评价和结果评价之外,按照不同的分类标准,可将体育教学评价分为多种类型。

1.以评价分析方法为依据进行划分

(1)定性评价。定性评价侧重于对"质"的分析,是对优劣程度的评判,一般用评语或是符号表达。

(2)定量评价。定量评价即为从"量"的角度进行的分析。通过采用多种方法获得相应的资料和数据,然后做出客观、精确的评判。

2.以评价功能为依据进行划分

(1)诊断性评价。诊断性评价是指以了解学生学习的基础以及查明制约学生学习进步的原因为目的而进行的有针对性地检测与评判。它包括验明问题和缺陷,确定学生在学习中是否存在困难,造成困难的原因有哪些,同时还包括对各种优点与禀赋、特殊才能等方面的识别。

(2)形成性评价。形成性评价是指为使体育教学效果更好而对学生学习的过程与阶段性结果所进行的检查和评判。它在一个新的体育教学方法实施后、一个新的体育教学内容初步完成后或一些新的身体锻炼手段使用后都可进行。

(3)总结性评价。总结性评价是在一学期或是教学阶段结束后对学生学习结果的检查和评判。检查学生的体育知识、身体活动能力以及技术技能取得了哪些进展。总结性评价注重的是教与学的结果,这一评价方式被广泛应用于传统的体育教学中。

二、体育教师评价与学生学习评价

(一)体育教师教学评价

一般来说,体育教师教学的评价,主要包括两个方面,一方面是体育教师自身的基本素质,另一方面是课堂教学情况。

1.体育教师基本素质评价

体育教师自身的基本素质和专业能力在很大程度上影响着体育教学效果。因此,对体育教师基本素质进行评价是非常重要且必要的。一般来说,教师的专业素质包括政治素质、知识结构素质、能力结构素质、身心素质和教师自身发展的素质等几个方面。下面就对这几个方面的评价加以分析和阐述。

(1)政治素质

对于体育教师来说,需要具备的一项基本素质就是政治素质,可以说,政治素质是教师素质评价中不可或缺的一个环节。具体来说,思想道德修养、工作态度、教书育人、遵纪守法、参与民主管理、为人师表、良好的文明行为习惯等方面都属于政治素质的范畴,都是需要评价的重要方面。

(2)身心素质

在学校体育教学中,出色的身体素质和良好的心理素质也是体育教师必备的基本素质之一。具体来说,体育教师身心素质评价应该包括以下几个方面的内容。

第一,教师体育教学工作的进行,需要良好的身体素质作保障,一般来说,体育教师的身体素质主要包括教师的运动能力、教师在体育专项技术领域的能力两个方面。教师身体素质的好坏会直接影响到学生的体育学习。

第二,教师的心理素质也会在一定程度上影响到教学情况和学生。在体育课堂上,教师所表现出的心理稳定性,会对学生产生潜移默化的影响。其优良的个性品质也会对学生的个性发展起到重要的作用。一般来说,体育教师的心理素质评价内容主要涉及三个方面的内容:一个是教师是否具有敏锐、细致的观察力;一个是是否具有敏捷、缜密的思维;还有一个是是否具有丰富的情感等。

（3）知识结构素质

作为一名合格的体育教师,必须要具备扎实丰富的体育知识和出色的运动技能。因为只有具备丰富全面的知识储备,才能够更好地将这些知识传授给学生。体育教师知识结构素质评价包含着非常丰富的内容,具体为:第一,体育教师是否具备全面系统的体育专业知识,并对相关学科的基本常识有所了解;第二,体育教师是否系统地掌握教育学与心理学的基本原理和方法,并对教育规律与学生身心发展的规律有充分了解;第三,体育教师是否能够将理论与实践进行有机地结合,以达到预期的教学目标。

（4）能力结构素质

体育教师的能力素质是其从事体育教学的基础,其所包含的内容主要有:体育教学工作的能力、组织教学活动的能力、表达能力、对学生的教育管理能力、体育资源的开发和运用能力、创新能力这几个方面。

（5）教师自身发展的素质

一般来说,体育教师自身发展的素质主要包括两个方面的内容:一方面,是对新运动教学理论、技术、教学方法等方面的接受能力,通过不断地学习和训练,来努力提高自身的教学能力;另一方面,是体育教师的教学发展潜能,自觉寻求发展的能力,自学提高的能力,以及教学研究与教学改革的能力等。

2.体育教师课堂教学评价

体育课堂教学评价是指对体育教师的教学过程与教学效果的评价。体育课堂教学评价的内容非常广泛,具体包括以下内容。

（1）对贯彻体育课程标准的评价

这方面评价所涉及的内容主要有：第一，体育课堂教学是否符合课程标准的要求；第二，体育教学是否紧紧围绕学习目标进行；第三，体育教学是否完成了体育课程标准所规定的教学任务和教学内容等。

（2）对体育教学内容的评价

对体育教学内容的评价主要包括：第一，体育教学内容是否达到科学性和思想性的统一；第二，体育教学内容的安排是否紧扣学习目标；第三，是否科学地安排运动负荷；第四，是否将思想品德教育寓于体育教学内容之中；第五，教学组织是否合理等。

（3）对体育教学方法与教学手段的评价

这方面评价所涉及的内容主要有：第一，体育教师能否以体育教学的具体任务和内容特点为依据来有针对性地选择体育教学方法；第二，体育教学方法是否具有启发性，是否对培养学生的独立思考、分析问题、解决问题的能力以及创新精神有所助益；第三，所选择的体育教学方法是否符合学生身心发展的特点，是否对培养学生的学习兴趣的和激发他们的学习动机有所帮助；第四，所选择的教学手段能否使体育教学的直观性增强，并且对学生学习效率的提高是否有帮助。

（4）对体育教学技能的评价

对体育教学技能的评价所涉及的内容主要有：第一，示范动作是否准确、优美，讲解评议是否准确、规范、简洁，是否正确运用术语和口诀；第二，是否能沉着、冷静、机智地处理课堂突发事件，使体育教学活动得以顺利进行。

（5）对体育教学效果的评价

对体育教学效果的评价所涉及的内容主要有：第一，是否很好地完成教学任务；第二，学生能否将学习目标完成，并且掌握教学内容；第三，能否将学生的学习积极性和主动性充分发挥出来；第四，能否对学生勇敢、顽强、竞争、合作的心理品质进行积极培养；第五，能够将学生的运动兴趣激发出来并使其保持，对学生体育锻炼习惯的养成起到积极的促进作用。

3.体育教师教学评价形式

一般来说,体育教师教学评价的形式主要有两种,一种是教师自我评价,一种是学生对教学过程的评价(表3-1)。

表 3-1　体育教师自我发展评价表

评价内容	评价标准	发展优势	发展目标	发展措施	评分
思想素质 (20分)	1.遵纪守法,依法治教; 2.敬业爱岗,爱校爱生; 3.讲正气、讲学习、讲奉献				
专业素质 (20分)	1.了解本学科的前沿研究和发展概况; 2.掌握本学科的理论与概念; 3.熟悉本学科的教学要求; 4.灵活运用本学科的教学方法; 5.善于将本学科知识与生活实际相结合				
业务能力 (20分)	1.教学方式有趣又有效; 2.运用形成性评价和总结性评价,了解学生的进步情况; 3.学生管理技能高超,师生关系平等,激励学生奋发向上; 4.运有现代化教育手段; 5.善于进行学科思想渗透和学法指导; 6.积极开发校内外课程教育资源并且承担校本课程和综合社会实践活动课				

续表

评价内容	评价标准	发展优势	发展目标	发展措施	评分
科学与人文素养(10分)	1.了解国际国内学科发展的历史及最新动态； 2.了解和热爱祖国文化； 3.热爱学习,能够主动地向生活实践学习； 4.明了学科与生产生活的联系,具备构建事物之间合理联系的能力； 5.关注和正确评价生活中的焦点问题				
团队精神(10分)	1.能经常为学校的发展提供建设性意见； 2.积极参与备课组的集体备课,能提出个性化合理的措施建议； 3.参与同事家长学生建立良好的合作关系				
教科研能力(10分)	1.具有教育科研意识； 2.能用科学研究的方法主动解决教育过程中的问题； 3.会设计科学的教育实验； 4.积极承担教学研讨课； 5.会撰写规范的学术论文和实验报告				
计分方法	总分×60%				
自我评价	A等60～50分 B等49～30分　C等29～10分				

体育教师通过学期初的自我发展规划,能够将自己的工作方向明确下来,对自己的成长和发展起到积极的促进作用,从而使其教学质量有效提升。在体育教学评价中,从教师发展需要的思想素质、专业素质、业务能力、科学与人文素养、团队精神和教科

研能力这几个方面入手进行总体评价,具有显著的全面性、公平性、公正性等特点,这种评价方式值得大力推广。

(二)学生学习评价

在体育教学中,对学生学习的评价主要包括两个方面:一方面是学生学习行为的评价;另一方面是学生学习质量的评价。

1.学生学习行为的评价

在体育教学中,学生应处于主体地位,学生的学习行为能够将体育教学效果的许多方面都直接反映出来。在体育课堂教学中,学生的学习行为一直是处于不断变化的状态中的。

在体育教学中,对学生学习行为的评价主要包括两个方面,一个是对学生课内学习行为的评价,另一个是对学生课外学习行为的评价,要将这两种评价方式充分结合起来进行。

(1)对学生课内学习行为的评价

一般来说,对学生课内学习行为评价的内容主要包括:第一,学生听讲、示范的态度、身体练习的投入程度、练习所达到的效果;第二,是否努力实现自我超越等动态行为;第三,对体育与健康的认识、体育技战术知识与运用能力、技能水平与运用情况、科学锻炼的方法、有关健康知识的掌握与运用、与不同学习水平相关的运动、体育学习过程中的情意表现与合作精神等方面。

(2)对学生课外学习行为的评价

对学生课外学习行为的评价主要涉及学生是否能够运用所学的体育知识与体育技能来进行自觉的体育锻炼等方面。在体育教学中,在对学生的学习成绩进行评价时,要采用绝对标准与相对标准相结合的评价方法,而在对学生的运动技能进行评定时,则应采用定量评定与定性评定相结合的方法;除此之外,等级评定、评语式评定等评价方式也是经常会被用到的。需要强调的是,在对学生的学习成绩进行评定时,不仅要对体育教师的参与加以重视,还应重视学生的自我评价和相互评价。对这些信息有所了解,是非常有助于学生学习行为改进的,也能使体育教学的质量和效果得到有效提升。

2.学生学习质量的评价

通常情况下,对学生学习质量进行评价所采用的方法主要为定量评价与定性评价相结合的方法。因为学生学习质量所涉及的内容较为宽泛,其中,在对学生的身体素质和运动技能评价时,定量评价法较为常用;而对学生的学习态度、意志品质、合作精神、自信心和自尊心等方面的评价时应采用定性评价的方法。

具体来说,在体育教学中,对学生学习质量进行评价主要是对以下几个方面进行评价。

(1)对学生知识技能的评价

在体育教学中,不同阶段学生的发展水平是有所差别的,这也就导致了对学生知识技能的评价也有所差别。比如,学生在不同阶段对体育与健康的重要性、价值的认识是不同的,对体育与健康的相关知识的实践运用情况也是不同的,对掌握体育课学习目标要求的运动技能与实践运用情况也是不同的。因此,这就要求在对学生的知识技能进行评价时,一定要遵循个体差异性原则,将各种评价方式综合起来加以应用,从而使对学生的知识技能的准确评价得到保证。

(2)对学生身体素质的评价

促进学生身体素质的发展是体育教学的一个重要目标,也是体育教学的重要内容。在对学生学习质量评价中,学生身体素质的评价是尤为重要的方面,因此,这就要求在对学生身体素质评价时,一定要将学生学习成绩与身体健康之间的关系作为关注的重点。

(3)对学生学习态度的评价

通过体育教学,体育教师能够将体育知识和技能传授给学生,同时,还能为学生认识正确的体育学习观,让学生养成积极、正确的体育态度提供一定的帮助。所以,学生对待体育课程学习的态度应是对体育课学习成绩进行评价的重要内容。一般来说，学生体育学习态度的评价指标主要包括：能否主动、自觉地参与体育活动；能否积极主动地思考，为达到目标而反复练习；在体育活动过程中能否全身心地投入；能否认真接受教师的指导。

（4）对学生情意表现与合作精神的评价

体育教学目标之一，就是使学生的心理健康和社会适应能力得到有效的提高。

首先，在体育课程学习中，学生的心理健康标准有很多，比如，最为主要的有：第一，能否战胜自卑和胆怯的心理，充满自信地进行学习和练习；第二，能否敢于和善于克服各种主观与客观的困难和障碍，战胜自我、挑战自我，坚持不懈地学习；第三，能否善于运用体育活动等手段较好地调控自己的情绪等。

其次，在体育教学活动中，学生的社会适应能力的标准也有很多，较为主要的有：第一，能否理解和尊重学生与教师，并在学习过程中表现出良好的人际交往能力与合作精神，努力承担在小组学习和练习中的责任；第二，为小组的取胜全力以赴；第三，能不计较胜负，赞扬对手；第四，能与他人很好地交换意见；第五，认真分析失败原因，不埋怨他人。

三、体育教学评价体系的完善

（一）更新体育教学评价的理念

体育教育可以说是实施素质教育的重要组成部分，因此，在体育教学评价中，应该及时更新现代理念，将素质教育的要求融入体育教学评价当中，将学生思想道德素质、体育文化素质、体育技能素质和身心健康素质等内容和特点都纳入到评价体系当中去，才能实现体育教学的目标，促进学生的全面发展。

（二）采取多维度的体育教学评价目标

一般情况下，传统的体育教学往往是以学生是否习得体育技能为评价的主要目标,随着体育与健康课程新标准的实施,体育课程的学习目标包含了运动参与、运动技能、身体健康、心理健康、社会适应健康等,因此在进行体育教学评价时,应该从多个维度考虑评价的目标,从而做出一个客观而全面的教学评价。

(三)运用多元化的体育教学评价方法

1.教师评价与学生评价相结合

传统的体育教学评价是以教师评价为主体地位的,这种评价方式不能很好地反映体育教学的实施效果,在评价过程中,应该采取教师对学生的评价、学生对体育教师的评价、学生之间的评价以及学生自评相结合的方法,从而实现评价主体的多元化,提高评价真实度。

2.结果性评价和过程性评价相结合

在体育教学评价中,不能只进行结果性的评价,对学生通过体育课学习的运动技能水平进行评价,还应该结合学生在体育学习过程中的态度、情感等因素进行过程性评价。将结果性评价和过程性评价紧密结合起来进行,这样的评价才是有效的和客观的。

3.定性评价和定量评价相结合

在体育教学评价过程中,要注意将定性评价和定量评价结合起来进行。例如,在足球教学中,不能单单以学生颠球数量的多少来判定学生运动水平的高低,应该结合学生在整个学习过程中的体育参与度,体能水平等综合判定。而在进行专项体能的教学时,如跑动的距离、仰卧起坐的数量等有一个明确的要求,从而实现体育教学的目标。因此,在体育教学过程中,一定要注意将定性评价和定量评价结合起来。

4.整体性评价与个体差异性评价相结合

对于一堂体育教学课来说,通过对全体学生学习效果的整体评价,是对体育教学效果的检验指标。但是,由于学生身体素质和运动能力的不同,导致在体育学习时,不可能取得同样的效果,必须有针对性地进行个体差异性的评价,区别化对待,有利于使学生建立体育学习的信心,使学生清晰地明白自己体育学习的效果,促进学生学习积极性的提高。

(四)建立全面有效的体育教学评价机制

要想提高体育教学的效果和质量,应该建立一个有效的、全面的体育教学评价机制。在这个评价机制中,要明确体育教学评价的目标,确定体育教学评价的主体,建立有效的体育教学评价方法,并不断更新体育教学评价的理念,从而逐渐建立起一个全面有效的体育教学评价机制,保障体育教学的顺利实施。

第四章 学校体育教育管理与实践研究

学校体育教育管理是学校体育教育研究中的新兴课题,也是一项非常重要的工作。本章将对其进行一定的研究,主要包括对学校体育教育管理的目标与依据、学校体育教育管理的方法进行探索,并对学校体育教学活动管理、学校体育教育经费管理和学校体育教育活动主体管理进行研究,并且试图提出初步的研究建议。

第一节 学校体育教育管理的目标与依据

一、学校体育教育管理的目标

我国的学校体育课程主要是为了提高学生的身心健康,促进学生的全面发展,而这些也需要专门的体育师资和人才去实现和完成。因此,由此引申出来的学校体育教育管理的目标主要包括两个方面的内容。

（一）促进学校体育课程目标的实现

长期以来,我国学校的教育目的都是为了培养出德、智、体、美全面发展的人,因此,从小学到大学都开设了相应的体育课程,这些体育课程都设立着相应的课程目标,并且体育课程的目标设置得非常详细,包括了学生在运动参与、运动技能、身体健康、心理健康和社会适应等方面的目标,为促进学生完成体育课程指引了正确的方向。

学校体育教育管理的目标之一,就是通过一定的手段和措施,规范学校体育课程,保障学校体育课程的有效实施,加强监管,从而促进学校体育课程目标的实现。

(二)培养体育专业人才,建设体育学科

通过一定的学校体育教育管理,也可以促进另外一个目标的实现,即培养出我国社会需要的体育专业人才,并促进我国体育学科的发展。这是因为,我国的大部分体育教师和体育人才都是通过大学教育培养出来的,这就需要相应的教育管理活动来引导和发展。此外,体育学作为我国的一级学科,发展还很薄弱,需要进一步的发展和完善,这些也需要相应的学校体育教育管理活动来实现。

二、学校体育教育管理的依据

我国学校体育教育管理的依据主要包括两个方面的内容。

(一)相关教育法律法规以及政策文件

我国学校体育教育管理依据的法律,主要包括《中华人民共和国教育法》,该法第五条规定:"教育必须为社会主义现代化建设服务,必须与生产劳动相结合,培养德、智、体、美等方面全面发展的社会主义建设者和接班人。"从该法条中可以看出,我国的教育方针要求必须做好相关的体育工作,学校体育教育管理的目的就是实现这样的工作目标。

我国教育部颁布了《学校体育工作条例》,指出学校体育的工作任务是"增进学生身心健康、增强学生体质;使学生掌握体育基本知识,培养学生体育运动的能力和习惯等"。此外,教育部还下发过《高等学校体育工作基本标准》,对高校体育教育管理工作提

出了相应的指导和要求。

因此,这些法律法规是我国学校体育教育管理的根本依据。

(二)教育和管理的客观规律

在进行学校体育教育管理工作时,需要把握和运用教育和管理的客观规律,在教育和管理过程中,严格按照相应的规律办事,运用相关原理进行管理,促进体育教育管理的科学性和有效性。

第二节 学校体育教育管理的方法

一、行政管理法

这里的行政管理法指的是利用学校的行政职权,运用命令、计划、监督、检查和协调等手段,对学校中的各项体育工作进行管理的方法。行政管理法具有一定的强制性,具有效率高的特点,在实际运用过程中,要注意与其他方法紧密结合。

二、法律法规管理法

法律法规管理法是以国家颁布的相关学校体育法律和行政文件为依据,对学校体育工作进行管理的方法。

这种方法具有规范性和强制性的特点,可以促进学校体育工作的有序进行,但是缺乏灵活性,不能解决一些可能出现的特殊问题。

三、经济管理法

经济管理法指的是在学校体育管理中借助于经济手段来管

理学校体育工作的方法,主要是为了调节和激励被管理者的积极性和主动性。

在学校体育教育管理中,可以运用的经济管理法包括奖金法、奖品法、罚款法等。

四、心理管理法

心理管理法是运用心理学的相关原理和规律,在学校体育工作中运用宣传、激励、沟通等手段进行管理的方法。

心理管理法主要包括情感激励法、榜样示范法、表扬法、批评法和沟通法等。

第三节　学校体育教学活动管理

一、学校体育教学活动管理的原则

(一)依据相关法律政策的原则

在进行学校体育教学活动管理的过程中,管理人员一定要严格依据国家颁布的有关法律政策开展相应的管理工作,依法行使各项管理职能。

(二)依据体育教学原则进行管理

在体育教学活动管理中,要根据体育教学过程的特点,根据体育教学的原则进行管理。在教学管理中,为体育教学过程创设良好的课堂环境,充分尊重和发挥学生的主体作用,为促进学生身心全面发展作出应有的贡献。

二、学校体育教学活动管理的内容

(一)体育教学目标管理

体育教学目标管理主要是将体育教学的目标进行层层落实和划分,逐渐将体育教学目标落实到体育教师身上,促进体育教学目标的实现,体育教师在体育教学目标管理活动中起着非常重要的作用。

(二)体育教学实施过程管理

体育教学实施的过程主要包括对体育教学课前、体育教学课中、体育教学课后等几个阶段的管理。

在体育教学实施的时候,课前、课中和课后都有相应的教学任务。课前要检查好体育场地和相关体育器材,积极进行备课。课中要做好相应的教学活动,课后要及时进行课堂总结。这些活动都应该得到有效管理。

(三)体育教学评价管理

体育教学评价是对体育教学效果进行评估的方法,主要包括体育教学质量的评价和学生体育课程学习的评价。从某种程度上讲,体育教学评价的科学与否影响着教师和学生参与体育教学的积极性,因此,必须对体育教学评价进行管理,促进教师设计出合理的体育教学教案,积极认真地上好每一节体育课,激发学生学习体育课程的积极性,使学生热爱体育课,促进身心的健康发展。

第四节　学校体育教育经费管理

一、学校体育教育经费的预算

按年度对学校体育教学的各项经费进行收支预算,是保障学校体育教学活动顺利进行的重要工作。具体的预算工作,应该包括以下几个方面。

(1)国家和学校的有关财政法规制度。

(2)上年度收支指标完成情况分析和决算财务分析。

(3)本年度学校经费预算的指导思想。

(4)本年度学校体育自我创收经费估计。

(5)学校对经费预算的内容要求。

(6)本年度开展学校体育工作所需要的经费预测或者与上年度相比主要增减项目。

(7)熟悉预算科目和预算表格。

体育教学部(室)在对体育经费的使用与管理方面,应当在遵循勤俭节约原则的基础上,以财务管理的规定和权限为主要依据,履行相应的报批手续,严格执行国家和学校制定的财务制度与经费使用办法。

二、学校体育教育经费的来源

学校体育经费的收入渠道有很多,其中,最主要的有事业拨款、学校筹措、社会筹资和学院自行创收几个方面。具体如下。

(一)事业拨款

从教育行政部门按学生人数下拨的教育事业经费中用于体

育的比例部分,就是事业拨款。目前这一来源是学校体育经费中最主要的部分。事业拨款的用途主要有三个方面:第一,维持正常体育教学工作的开展;第二,用于购置大型体育设备所用的体育设备费;第三,体育场地设施建设专项经费。

(二)学校筹措

学校筹措是指学校通过创收后,将获得的部分资金用于体育教师的课时酬金等。目前在一些发达地区,这已经是学校体育经费的重要来源。

(三)社会筹资

学校或体育教学部(室)通过举办重大比赛、参加重大比赛以及体育场馆建设等向社会各界募集得到的赞助费,就是社会筹资。

(四)学院自行创收

由体育教学部(室或组)通过一定手段向师生和社会人员提供有偿服务而获得的收入,就是自行创收,这样的创收也能获得一部分经费。

三、学校体育教育经费的支出

在体育教学中,需要经费投入的地方有很多,主要包括以下几个方面。

(1)体育场地设施建设费用:主要用于体育场地设施的建设。

(2)体育教学活动产生费用:主要用于课外体育竞赛活动、学校运动队训练与比赛等。

(3)体育器材费用:主要用于购买体育器材、体育器材设备的维护等产生的费用。

四、学校体育教育经费管理的内容

(一)体育教研经费管理

随着高等教育的不断深化改革,体育课程教学的改革也在不断进行,这就需要体育教研经费作为保障。体育教研经费的管理主要从以下两个方面入手。

1.出席各级体育学术会议费用

随着体育科学的不断发展和完善,每年都会举行各种各样的学术会议,体育教师为了提高自己的教学水平和科研能力,应该参加一些学术会议来补充知识和能力,而参加这些学术会议就需要一定的经费支撑。

2.外出考察观摩学习费用

在体育课程教学改革过程中,对教育部门下发文件的理解,每个学校都会存在着差异。通过外出考察、观摩和学习,能够统观全局,找到适合本校的改革方案,进一步改进本校的体育课程教学。因此,每年的体育经费预算中就需要列入外出考察的费用。

(二)体育器材经费管理

体育器材可以分为不同的种类,比较常见的有大型的固定资产和小型的消耗品。其中,大型器材通常不会经常购置,只有小型消耗品需要每年添置。加强对各项体育经费的管理,提高体育器材的使用效率,有效降低体育器材成本,才能使体育器材经费发挥高效率的作用。通常情况下,对体育器材经费的管理主要从以下几个方面入手。

1.科学制定采购器材的预算

以每年体育器材消耗费用、第二年增减项目的器材费用、体育教师工作服、机动费用等为主要依据,来将年度采购的预算做出来。通常情况下,每年体育器材的消耗费用是固定的,如篮、排、足、羽等,每年在球和球拍的使用上消耗比较大。这笔费用是每年采购预算必列项目。第二年增减项目器材费用通常情况下是应对改革需要和特殊情况处理对器材购置作调整而准备的。体育教师工作服要根据每个学校的情况来采购,可以集体采购也可以由体育教师自己购买,但是必须纳入年度采购的预算项目内。机动费用一般是灵活经费,由于每年经费都会有一定的增减,机动费用是以备不时之需的。

2.提高采购行为的规范化

每年高职体育器材的采购花费是一笔不小的开支,采购的质量和渠道对高职有限的体育经费是否能够充分发挥作用会产生非常重要的影响。鉴于此,就要求要将这些经济交往中的不正常行为杜绝掉,并且买到物美价廉的产品,增加采购透明度,提高采购行为的规范性。

3.减耗增效

为了降低采购体育器材的经费,要充分发挥体育器材的作用,把其损耗降到最低。但是,不可否认的是,只要器材在使用就肯定会有损耗,因此,这就要求一定要在管理方面加大力度,建立健全体育器材管理制度,规范器材采购和管理,使不必要的损失尽可能地减少。

(三)体育竞赛经费管理

体育竞赛的经费投入,主要是为了通过体育竞赛活动的开展,丰富学生的课余生活,促使其身心健康。

1.校内体育竞赛

学校每开展一项体育竞赛,就会涉及许多具体的经费问题,主要包括,添置器材费、组织编排费、裁判劳务费、奖品费等。

（1）添置器材费

通常情况下,添置器材的费用会在年度体育器材预算中得到体现,如出现事先无法预料的事情,需要临时添置,要动用机动费用。

（2）组织编排费

组织编排费是指,负责编排的教师组织制定竞赛规程、召集有关人员开会布置工作、培训裁判（理论学习与实习）、编排竞赛日程、准备裁判器材、安排裁判和比赛队伍、准备奖品等各种竞赛事项所得的报酬。

（3）裁判劳务费

裁判劳务费要以各校的不同情况来合理制定标准,而且要注意教师和学生是有所区别的。对教师可以折算成课时,或用其他方式,对学生以培养学生的组织裁判能力为主,适当的经济补贴为辅。

（4）奖品费

体育竞赛奖品费与职业体育竞赛是有一定差别的,具体来说,体育竞赛奖品费主要以鼓励学生为主,经济奖励为辅;集体荣誉为先,个人荣誉在后。因此,在分配奖励时,要重集体轻个人,加重集体名次的奖励,个人名次以发给荣誉证书为主,也可以发给少量奖金。

2.校外体育竞赛

随着现代体育的发展,越来越多的高校开始组织运动队参加校外体育竞赛,参加校外体育竞赛需要一定的竞赛经费。具体来说,要从以下几个方面进行校外体育竞赛经费的管理。

（1）训练的器材费用

参加校外竞赛,就要进行一定的训练,因此,需要配备专门的体育器材,在购买这些器材时,应该买一些质量较高的器材,不能购买质量过低的器材。

(2)运动员比赛的服装费用

通常情况下,要求运动员的比赛服装在每年大赛前添置一套,也可以根据本校情况和需要增加相应的配置。这方面的经费要根据市场价格来确定,并且要求服装要与竞赛规则相符,同时还要具有实用、美观等特性。

(3)运动员的训练补助

校外体育竞赛经费的一项重要开支是运动员的参训补助。运动员的训练可以为学校争得荣誉,在训练过程中,要注意营养的补充,因此,必须合理根据比赛的水平和运动员的身体状况进行训练补助。

(4)教练员的训练补助

运动员参与竞赛需要教练员的全身心投入,随时对训练计划进行适当调整,还要随时掌握竞争对手的情况等,外出参加比赛还需要联系交通事宜,这些需要耗费很大的精力。因此,为了能够让教练员集中精力将训练和竞赛做好,应该对教练员进行一定的补助。

第五节　学校体育教育活动主体管理

一、体育教师的管理

体育教学中教师的管理是体育教学管理的重要环节。体育教师管理是为了全面贯彻体育教育方针,并通过管理来提高体育教师的思想与业务素质,调动体育教师工作的积极性。

（一）体育教师规划管理

1.教师规划的目标

建设一支数量适度、结构合理的教师队伍是体育教师规划的目标,具体表现如下。

（1）数量适度

数量适度指的是学校体育教师的数量要按照学校发展的规模来设立,按照教育部对高校体育课程的开设要求来设置,满足体育教学的需要。

（2）结构合理

结构合理要求体育教师队伍在性别、年龄、学历、专业、技能等方面保持合理的状态,可以满足学生多方面的体育需求。

2.教师规划的内容

高校体育教师的编制数量要适当,如果体育教师编制少了,难以按时完成体育教学工作;如果体育教师编制多了,会产生一些低效率的工作。科学地制订体育教师编制计划主要有以下三个依据。

首先,教育部颁发的《学校体育工作条例》和《高等学校体育工作基本标准》是科学制定教师编制的首要依据。

其次,体育教师与在校学生的比例以及学校的体育教学工作量是制定教师编制的重要依据。

最后,体育教师所承担的体育课教学、课外体育活动及校内外体育竞赛等教学工作量总和也是制订体育教师编制计划的主要依据。

（二）体育教师培训管理

体育教师培训的目的是提高体育教师的综合素质水平。体育教师要不断更新教学观念,深入钻研体育课程改革,通过参加培训机构或者接受不同形式的培训来不断提高体育教学能力,提高体育科研水平,改善体育教学成果,充分发挥自身的主导作用,更好地培育体育人才。下面主要介绍体育教师的培训机构及培训形式。

1.培训机构

体育教师的培训机构主要有以下几类。

(1)体育学院。体育学院通过全日制成人、函授、夜大等形式,开设本科班、专科班、短期培训班、进修班等,这是培训体育教师的主要途径。

(2)教师进修学校。教师进修学校通过开设短期培训班、单科体育知识和技能培训班、证书班等形式来提高教师的教学能力和水平。

(3)自学考试机构。教育部以及各省、自治区、直辖市的自学考试指导委员会开设高等和中等师范自学考试工作。

(4)单位体育部门。体育系、部及教研室安排集体备课、观摩教学、教学研究课、经验交流会等各种培训活动,有计划地组织体育教师进行科学调查、教学法研究、体育学术探讨,举行学术报告会等。

2.培训形式

体育教师培训形式主要有在职培训和岗位培训两种。

(1)在职培训是指体育教师在原来的职务岗位上参加培训的形式,通常采用的培训方式是业余时间自学、指定专人培训或在夜大、电视大学、函授学校等进行脱产与半脱产的学习。

(2)岗位培训是指按照体育岗位工作的需要和岗位人员的素质要求,对体育教师进行的一种有目的的组织性培训活动,培训目的是使体育教师获得本岗位工作所要求的基本知识和技能。

(三)体育教师考核与评价管理

1.考核管理

为了规范体育教师的考核工作,需要建立健全体育教师的岗位责任制、教师工作量制度以及体育教师考核奖惩制度。对体育教师的考核需要遵守如下原则。

(1)实事求是的原则

体育教师教学工作的好坏受主观因素(体育教师)与客观条件(教学环境、教学目标)的共同影响。因此,在考核体育教师的工作中要从实际出发,实事求是,公平公正地考核。

(2)发展的原则

体育教师的思想品德、意志品质、业务水平都是不断变化发展的,因此,体育教师管理者要坚持用发展的原则来考核体育教师。

(3)全面性与侧重点相结合的原则

考核体育教师的指标要全面,既要看硬指标,也要看软指标。硬指标包括教师的工作量、科研成果等,软指标包括科研成果水平、教学效果等,在全面考核中也要注意侧重点,依据具体的考核目标选择具体的指标进行重点考核。

教师考核的方法主要有个人总结、上级考核、单项评定、年度综合考核、组织考核、民主评语、定性和定量考核等。这些考核方法可以单项进行,也可以结合使用。

2.评价管理

体育教师评价就是体育教师管理者依据管理目标与一定的价值标准,对体育教师的工作质量水平进行客观的评判、评估和鉴定。对体育教师的评价主要是在系统的信息收集和定性与定量分析的基础上进行的,评价结果可以作为职称评定的有力依据。下面重点介绍体育教师的评价指标及评价方法。

（1）评价指标

评价指标是评价体育教师工作质量的依据，在选择具体的评价指标时要遵循如下原则。

①科学评价与可行性评价相结合。体育教师评价指标是在满足体育教学工作需要的基础上，围绕体育教学目的和任务建立的。建立完整的体育教师评价指标体系要注重各项评价指标的科学性，同时要求这些指标能够反映学校体育教师工作的内容与职责。由于体育教师评价的内容繁多，所以在筛选评价指标时要特别注意指标的可行性。

②导向评价与激励评价相结合。体育教师的评价指标准确与否，对评价的科学性及可信度有重要的影响，因此，确立科学的评价指标是评价体育教师工作质量水平的首要工作，评价指标确立后就会用来引导评价工作的方向、方法与质量等。同时，要特别注意正确发挥评价效应，排定名次、划分等级不是评价工作的唯一目标，关键是要通过评价，让体育教师发现自身的不足，激励其不断完善自我。

③定性评价与定量评价相结合。评价指标一般都包含两个因素，即量的因素和质的因素，量的积累可以转化为质，即量是转化为质的前提。直接通过测定就可以得到量的数值，但质要用定性来评价。在选择评价指标时力求达到量化，但对于难以量化的指标采用定性评价的方法，在此基础上进行数值转换的量化方法。

（2）评价方法

①自我评价。自我评价是指体育教师依据一定的评价标准，如实地对自己的工作质量水平做出评价。自我评价法的最大缺陷就是教师对自身的评价结果往往高于他人的评价结果，自我评价需要与他人评价相结合才更具客观性与准确性。

②领导与同行评价。领导评价就是学校校长和班主任定期对体育教师的工作质量做出评价。领导评价往往较为严格，评价结果较自我评价的准确性高。

同行评价是指教研室或教学组的体育教师对各个体育教师做出评价。因为同组体育教师对每个体育教师工作情况的了解较为全面,所以,同行评价的准确度也较高。

③学生评价。体育教学中,体育教师接触最多、互动最多的群体就是学生,学生对体育教师的评价往往比较直观,且说服力很强。但是学生评价的弊端也很突出,因为学生往往会依据自己有限的知识水平、理解能力以及个人喜好对教师做出评价,所以主观性很强。

二、体育教学中学生的管理

(一)学生体质健康管理

学校体育教学的主要任务是增强学生体质、促进学生健康。作为国家的未来,学生的体质是否健康,对学校培养人才的质量造成直接影响。目前,我国大学生的体质状况令人担忧,多项体质健康指标不断下降,这一普遍现象应引起学校体育部门的高度关注,必须采取措施加强学生体质与健康管理。学生体质与健康管理应做好如下几方面的工作。

1.健全组织机构

在学校的整体领导下,应该成立以体育学院或体育系为主导,其他部门协同配合的组织结构,按照国家规定对学生进行体质健康检查,并将体质健康纳入学生的综合评价当中,督促学生进行体育锻炼。

2.建立管理制度

根据《学校体育工作条例》和《高等学校体育工作基本标准》的有关规定,学校应当建立健全学生健康管理制度。此外,还要针对体弱、伤残的学生建立专门的体育活动制度,开设体弱、伤残体育与保健康复体育课,做好这类学生的体质健康管理工作。

3.加强健康教育

学校有关部门与工作者要积极向学生宣传教育有关体质健康方面的知识,如宣传清洁卫生和良好的生活习惯、宣传疾病意外伤害的预防、宣传营养与膳食卫生、宣传公共卫生与环境、宣传心理卫生等方面的科学知识。必要时开设健康体育课程对学生进行宣传教育。

4.开展检查评估

要经常性检查与评估学生的体质与健康,并深入分析研究全体学生的体质与健康状况,根据评估与研究结果开展宣传教育,采取有效措施,促使学生养成良好的卫生习惯,促进学生身体健康。

(二)学生课堂纪律管理

体育课堂教学效果的好坏与学生的课堂纪律管理息息相关,上好体育课的一个重要环节就是加强对学生的课堂管理,严格管理学生的体育课堂纪律要从以下几方面着手。

1.严格要求学生

教师应从以下几方面严格要求学生。
(1)体育课不准迟到、早退。
(2)体育课上学生一定要穿运动服装。
(3)不要在体育课堂上带危险品,例如小刀、镜子等。
(4)积极练习教师所教授的动作。
(5)学生之间要团结友爱,互相帮助。

2.管好课堂纪律

要管好体育课堂纪律,主要是做好两个方面的工作。

（1）在体育课中，教师要帮助学生养成良好的自觉习惯。

（2）体育教师与学生应该注意言行举止，与有关部门积极配合，将课堂纪律组织好。

为了保证良好的课堂纪律，在体育课上结束教学任务后，体育教师总结学生的表现，总结的方式主要是评比。评比有利于促使学生遵守课堂纪律，保证体育课堂教学的有序进行。

3.做好体育干部的培养工作

体育教师的工作是比较繁忙的，因此有时候无暇顾及学生的纪律，因此要培养体育骨干，及时表扬骨干学生，充分发挥骨干学生对学生的号召作用，体育干部协助教师共同保证体育课的有序进行。

4.教学层次要明确

教师在教学过程中需要制定明确的教学目标，制定依据之一就是学生不同的身体素质情况，这体现了因材施教的原则。依据学生的具体情况制定目标有利于学生较容易地获得成功，也就对学生的学习兴趣起到积极的激发作用。调动各种不同类型学生的积极性才能保证良好的课堂纪律。

（三）体育教学中管理学生的方法

1.奖惩法

奖惩法是指在体育教学中运用表扬、奖励先进学生，批评、惩罚落后学生的方式来管理学生的方法。奖惩法是鼓励学生高效完成学习任务，提高学习质量的有效措施。体育教学中正确运用奖惩法应注意以下两点。

（1）要全面实行表彰和奖励。全面实行表彰和奖励具体包含两个方面。第一，要表彰和奖励在课堂上表现突出或在各种竞赛活动中获得良好成绩与进步的学生；第二，要表彰和奖励在增强学生体质、健康方面发挥积极作用的学生。

（2）奖励与惩罚相结合。奖励和惩罚相结合也就是赏罚要分明，在表扬和奖励学生的同时，也要正确地运用批评和惩罚的方法惩戒学生。

2.隐性管理法

隐性管理法指的是教师以课时计划为依据，除控制教学目标、教学过程和教学效果之外，间接影响和控制学生心理状态和行为的方法。在体育课堂教学中，倘若体育教师可以很好地运用隐性管理的方法，就会不知不觉地影响学生的课堂表现，从而顺利完成体育教学任务。通常，体育课堂中隐性管理法有以下几种具体方式。

（1）动作启发

体育课堂上，学生可以感知体育教师传达的各种信号，主要包括暗示、手势、眼神及走动等方面。

①表情。体育教师在课堂上表现出的面部表情具有一定的引导作用。例如，教师如果鼓励学生，或者满怀希望，就会有希望式的微笑或点头；教师如果赞扬与喜爱学生，就会有满意的微笑或点头，学生接收教师的表情信号后，就会按照教师期望的方向有所表现，这样的教学效果会较好。

②手势。体育教师的手势的主要作用是言而有信、传递信号。如果体育教师能够在体育课堂上运用手势，就会辅助教师进行体育课堂教学与管理。体育教师的手势能够合理引导学生的思想意识，可以紧密联系手势的含义和学生的接受意向，从而使学生在体育课堂中能够按照教师所引导的方向去听课。

③站立姿势。体育教师的站立姿势，与学生的距离远近等因素也会对学生的注意力有所吸引，从而能很好地组织课堂教学。

（2）情感交流

体育教学过程中，有些学生会有害怕上体育课或者厌恶上体育课的时候。因此在体育课上表现不够积极，经常会做小动作、窃窃私语、左顾右盼或没有精神。学生之所以产生厌学的情绪，原因有很多，教师在课堂上讲课缺乏"情"是主要原因之一。倘若一个体育教师在课堂上向学生毫无感情地传授知识，不与学生进行感情交流，课堂效果是不好的。因此，教师在体育课堂上要学着与学生进行情感上的交流，才能更好地实现体育教学计划，完成体育教学任务。例如，在一堂课的开始，体育教师要积极带动课堂气氛；结束一堂课的教学后，自然轻松的心情可以使体育教师积极影响学生。

（3）语气引导法

输入听觉信号也是输入体育课堂管理信息的一种主要形式。体育课堂教学中，体育教师可以按照所要表达的意思自由组合声音的音量、音质、声调、语速和节奏，充分结合声音的声、情、色，并通过语气表达出来，用不同的语气诱导学生的课堂行为。学生可以从教师的说话语气中听出话外音，及时改正自己的不恰当行为。体育教师在用讲解法授课时，应该抑扬顿挫，该详细则详细，该精讲则精讲，该舒缓则舒缓，该加快则加快，该拔高则拔高，该降低则降低。有时，对于重点、关键技术可以通过反复加重语气来导航。语气引导还体现在教师恰到好处地运用停顿，让学生体味。当然，停顿不能太久。

体育课堂教学中，体育教师传授知识的主要方式是身体行为和语言。而情感、动作、语气、视觉等都会起到管理课堂教学的作用，都会对学生的不恰当行为有纠正作用，从而顺利完成体育课堂教学。

3. 柔性管理法

柔性管理指的是在对人们的行为和心理进行研究的基础上，运用非强制性的方法将潜在的影响施加到人的心理上，从而将管理者的原本意图转化为人们的自觉行为，被管理者就转变为管理主体。

在体育教学过程中引入柔性管理，主要原因如下。

首先,学生是体育教学活动中的主体。

其次,现代学生有很强的主体意识和民主意识。

在体育教学中应用柔性管理具体表现在以下几个方面。

(1)个体重于群体

由于若干个体才能组成一个群体,因此柔性管理将个体看得很重。不同学生都会有不尽相同的需求、兴趣、性格、爱好与身体素质,因此教学中要做到因材施教,防止片面教学。

素质教育的主要特征是对学生的人格表示尊重,对学生的个体差异表示承认,将学生的个性重视起来。现在很多学校都有个性化的教学组织形式,例如,专项教学、分级教学等。这些组织形式是以学生的特长、兴趣、身体素质为依据实施的。以个人或小组进行教学有利于为学生提供自由空间。

还有一种教学形式是运动处方教学,这一教学方式充分体现了体育教学的针对性原则。主要实施方法是在体育课结束后,学生积极反馈体育学习情况、身体反应、学习中体会以及对教学的建议,教师对这些反馈进行认真分析与评价,然后对运动处方进行修改。这一教学方式有利于学生认识并掌握合理的、对自己有利的锻炼方法和评价方法。

(2)内在重于外在

体育教学管理学生的形式有以下两种。

①外在管理。例如,教学要求、课堂纪律与课堂要求等。外在管理形式具有一定的强制性。

②内在管理。例如,投入感情、说服教育、激发鼓励等,影响学生的方式是潜在的,将教学目标转化为学生的自觉行为。

驱动学生学习是内在管理的核心,就是在一定条件下,将学生的心理因素转化成为学生学习体育的内在动机。主要心理因素有好胜心、好奇心、自尊心、上进心、荣誉感、自我实现需求等。这种内因动机具有强度大、维持时间长、效果明显等特点。在体育教学过程中,教师要学会善于引导学生学习,积极鼓励学生主动学习。

（3）肯定重于否定

柔性管理方法更加注重对学生的肯定。因为学生需要被别人尊重,需要教师鼓励、支持、认可、表扬自己,如果学生的这些需求没有得到一定的满足,自卑感、软弱感和无能感就会油然而生。因此,体育教师在对学生进行评价时,要注意多肯定学生的优点,学生的自尊需求得到满足,就会转化为促进自我学习的动力。对学生的失败教师要安慰与鼓励,使学生不会产生被嫌弃的感觉。

刚性管理有利于体育教学过程的顺利进行,在体育教学评价时也有统一规范的评价指标,这种管理方法具有明确的管理目标和较强的操作性。

4. 行政领导法

行政领导法是学生体育管理中最普遍、最常用的方法。它是依靠行政组织,采用行政手段,按照行政方式来管理学生体育的方法。即各级教育、体育行政部门依靠自身的权力、权威,通过向所属各部门、单位下达各种指令性信息,如命令、指示、规定、计划等,对其进行指导与控制,即实施管理。

在体育的行政管理中,因领导者对学生体育工作的重视程度不同,会直接影响到学生体育管理的水平和质量。因此,一定要挑选对教育方针理解全面、事业心强的同志担任这方面的领导工作。正确运用行政领导法,主要应注意以下两点。

（1）下达任务与检查落实紧密结合

下达任务与检查落实紧密结合是指必须遵循发布指令,组织实施,检查督促,协调处理的基本程序进行。做到不仅下达任务,而且重视检查落实,及时发现问题,解决问题。

（2）教育、体育各部门应相互尊重,团结协作

由于学生体育工作受教育和体育两大部门的双重领导,这两个部门之间能否相互尊重,相互协作,能否在人、财、物等方面合理分担,在相当大程度上决定着学生体育领导法的运用效果,直接影响着学生体育工作的顺利开展。因此,既不要造成让下级为

难,无所适从的局面,也不要造成无人过问,听之任之的局面。大量事实证明,凡是教育、体育部门配合得较好的地区和单位,学生体育工作就有起色;凡是互相扯皮,推诿责任的,学生体育管理就混乱、学生体育工作就难以得到正常开展。

5.宣传教育法

体育宣传不仅是学生体育工作中的一个重要组成部分和学生体育管理的内容之一,而且其本身又是学生体育工作中的一种重要管理方法。

通过宣传教育,既可激发学生参加体育活动的热情,指导学生自觉、科学地锻炼身体,还可调动学生体育工作各方面的积极性,从而推动学生体育工作的广泛开展。实践证明,对有关学生体育的方针、政策、规章制度等执行得好坏,与对其所做的宣传是否得力有关。尤其对正处于受教育期的大学生来说,只有加强对他们的体育宣传教育,才能取得更好的效果。因此,要通过班会、周会、板报、墙报、电视、广播、期刊报纸以及各种类型的体育娱乐、竞赛与表演活动等,大力进行体育宣传,教育学生积极参加体育锻炼,促使有关领导、管理人员和广大教职工重视学生体育工作,关心学生的健康成长。

第五章 学校体育特殊教育研究与探讨

在学校体育教学整个体系中,不仅包括健全学生的体育教育,还包括对残疾人士的体育特殊教育。在我国,体育特殊教育的发展还尚未被大众所认识,很难得到社会的关注,这是亟待解决的问题。因此,本章就来研究与探讨学校体育特殊教育。

第一节 体育特殊教育概述

在开展体育特殊教育前首先对体育特殊教育的对象进行界定。既然是特殊教育,就要包括所有残障人士,对于残障者的定义是"在心理、生理、人体结构上,某种组织、功能丧失或者不正常,全部或者部分丧失以正常方式从事某种活动能力的人"。所以,残障人士具体包括肢体残疾、言语残疾、视力残疾、听力残疾、智力残疾、精神残疾、多重残疾和其他残疾的人。然而,体育特殊教育的覆盖范围不局限于上述残障者,有些因为突发状况导致受伤、肥胖、某种疾病等不适宜运动的学生也属于体育特殊教育的对象。因此,体育特殊教育的对象不仅包括残障人士这个特殊群体,还包括因生理、心理、肢体原因无法参加正常体育教学的学生。

确定了体育特殊教育的对象后,就要引申出体育特殊教育的含义。根据体育特殊教育的特征,本书对其进行定义。体育特殊教育是指因病、残、弱等原因不能参与正常体育教学的学生而开展的一系列教学、康复、支援活动的总称。

第二节　体育特殊教育的理念

一、体育特殊教育理念的解读

在国际上,特殊教育的理念经历了"隔离教育""一体化教育""全纳教育"这三个主要阶段。不论是什么领域,一个理念的提出,往往是社会需求和社会进步的体现。所以,在特殊教育中准确而客观地对理念进行解读,对于特殊教育的发展至关重要。

对于我国来说,特殊教育的整体发展在世界上处于相对落后的阶段,在体育特殊教育的发展上更是如此。所以只有正确地领悟当前理念,才能对特殊教育发展有更好的把控。在这里,我们引入"全纳体育"的概念。所谓"全纳体育",是根据"全纳教育"理念提出来的,我国体育特殊教育发展依旧处于启蒙阶段,但对于体育特殊教育而言,当前的局面是机遇和挑战并存。我国体育特殊教育的机遇是可以借助国内外特殊教育发展的基础和经验,省略一些可以避免的过程,在发展上走捷径,实现快速发展。挑战将会遇到和需要解决的问题,因为我国体育特殊教育的发展没有递进式的积累,所以有些内容是十分棘手的,需要协调错综复杂的关系,这些都需要在开展相关工作前打好预防针,进行充分的准备和预案,根据国家现有的条件,分阶段、分步骤地完成"全纳体育",在我国学校体育教育中实现"全纳教育"的理念。

二、"全纳体育"提出的背景

1994 年,联合国教科文组织在西班牙萨拉曼卡召开包含 92 个国家及 25 个国际组织的国际会议,本次会议的主题是"Special needs education",即特殊教育,大会的任务是全面推进"全纳教育"理念,发布了《萨拉曼卡宣言》。

《萨拉曼卡宣言》的核心思想是让全世界的学校教育都具有包容性,因为在教育理念上倡导包容,这个世界上才不会有歧视和偏见。让一切孩子都有机会接受教育,构建一个包容的社会,世界各国要提供面向所有孩子的教育,提高全球教育系统的效率。

这次会议的前提是"面向所有人的教育",讨论主题是让所有有身体障碍的孩子都能接受到教育,同时也将情况特殊的孩子考虑进来。最终实现把所有国家、地区、种族、民族、阶层、家庭背景的孩子都纳入教育视野中来,创造一个没有"特殊孩子"的社会。"全纳教育"的本质是包容、包含、共享、协作。

随着"全纳教育"的理念不断深入,其影响渗透到教育事业的每个领域,包括体育教育。作为体育教育来说,通过运动、竞争、合作、挑战困难等过程,能让学生展现出个性。因此,体育教育要排除年龄、性别、种族、政治、宗教等偏见,建立一个所有孩子共同参与的"全纳体育",为"全纳教育""全纳社会"的建设尽到责任与义务。

三、"全纳体育"的解读

"全纳体育"致力于特殊群体的体育教育。结合上述分析,目前普通高校对于特殊群体学生的体育课程是单独设置的,虽然出发点是好的,但在教学的实施中却让特殊群体学生十分孤立,与正常教育分隔开来,让这些特殊的学生脱离了正常的教育轨道,这种情况完全违背了"全纳教育"的理念。因此,创造"全纳体育"是为了让他们回归到正常的教育轨道上来,和普通学生一样成为教育活动中真正的主体。对"全纳体育"的解读主要包括以下几点。

（一）正视能力的差别

目前许多高校对特殊群体学生的体育课程进行针对性设置,

这种做法是基于特殊群体的身体障碍而定的,显示出学校的人性化;然而,在另一方面往往将特殊群体学生视为能力较低的群体,认为他们无法像正常学生那样跟上体育教学进度,所以学校才会让他们与正常学生分离开来进行区别对待。当然,从整体来看,特殊群体学生的运动能力的确与正常学生存在差距,但就个体而言,正常学生也有运动能力较差的,特殊群体学生中也有运动能力较强的;就某个运动项目来讲,有的学生擅长此运动,当然也就有不擅长这项运动的学生。所以说能力的差距只是相对而言的,并不存在绝对意义上的强与弱。

另外,能力上的表现不能说明一切,因为技能学习并不是学校体育教育的全部,也不是学习的全部价值。当通过不懈努力终于实现目标后的欢欣鼓舞,并得到同学的赞扬时,当集体共同配合协作取得成功而欢呼雀跃的时候,当主动帮助有困难的同学战胜自我时,这其中体现的愉悦、尊重、幸福感才是体育教育应该具有的内涵。因此,"全纳体育"打破对特殊群体学生的教育模式和教育观念,全面打破以能力论高低的束缚,让所有学生都坐在一起,这对于教学和管理虽然具有挑战性,但它的意义却是深远的。

(二)特殊教育是面向全体学生的教育

特殊群体学生需要特殊教育,但特殊教育不仅仅针对特殊群体学生,它的大门向全体学生敞开。首先,当人们谈及特殊教育时,往往立刻会想到特殊群体学生,其实普通学生也会因为各种各样的因素而出现明显的差异,在教学上也需要教师进行区别对待,在这方面与特殊群体学生其实是一样的。其次,针对特殊群体学生的教育需要普通学生的理解和支持,所以学校要努力创造机会和环境让特教学生和普通学生相互沟通和交流,让普通学生切实理解特殊的学生和自己一样,也是学校教育的一部分,同时也让特教学生对自己有个充分的认知,客观看待自己,不要觉得自己特殊。最后,基于上述分析,特殊教育是面向全体学生的,所以当然可以将特殊群体学生的体育教学纳入普通体育教学中,而且这项工作是很有必要开展的。这就对教师提出了较高的要求，但为了教育事业，为了不歧视所有群体，为之付出努力是十分值得的。

(三)从对障碍的理解到对个性的理解

当普通学生与特教学生还没有接触，双方不了解彼此时，双方在见面之前首先会考虑到的因素就是特殊群体学生的身体障碍，进而演变成双方交流的阻碍。实施"全纳体育"，就是为了让特殊群体学生和普通学生能相互理解、相互信任，在体育教学中充分交流与合作，从而让双方都客观看待身体障碍，普通学生不具有优越感，特殊群体学生不自卑。二者交流中更多地发现彼此的优点，即个性的发挥，在相互尊重的前提下做到像正常人那样进行合理的往来。

(四)通过"全纳体育"谋求共同发展

全面实施"全纳体育"，让普通学生和特殊群体学生在体育课程中共同体验成功与失败、付出与收获；在运动中相互协作，释放个人的激情，尽情地展现自己的情感，这其中包含赞赏和鼓励，当然也免不了争吵和矛盾。在所有学生共同参与的过程中，他们体验到了理解与信任，当然偶尔也会有分歧，甚至摩擦，但也正是在这种不同情感的互动过程中，普通学生与特殊群体学生都会理解到差异与个性、公平与竞争、自由与约束。身体障碍的差异不再是健全人与残疾人交流的屏障，通过"全纳体育"平等地看待对方，从而超越身体的障碍，达到身心的理解和统一，谋求共同发展。

第三节　体育特殊教育教学设计与实施

一、体育特殊教育教学设计分析

(一)体育特殊教育需求分析

1.运动不足对特殊群体学生的影响

当一个人从健全人到特殊者,造成的原因往往是多方面的,而造成他们在运动上的障碍也是直接或间接的,特殊群体的学生直观表现就是缺乏锻炼,所以就会导致心肺功能差、肥胖、肌肉萎缩、性格封闭等问题。例如,肢体障碍的学生,由于肢体活动不便,缺乏能量的消耗,其发生肥胖、糖尿病、心血管疾病的概率就要大于健全的学生,对个人生活埋下严重的隐患。同样,失明、失聪、精神障碍、内脏器官障碍的学生,因为先天障碍而无法参加体育运动,这就导致他们内心更加消极,从开始不敢参与变成之后的不愿参与,这就是恶性循环。而长期自闭的生活,就导致在原有身体障碍的基础上使身心遭受更大的伤害,但也正因为如此,特殊群体的人才是最需要运动的。

在学校体育教学中也会发生类似的例子,比如喜欢体育运动的特殊群体学生更加乐观和自信,对个人的缺陷并不刻意关注,在与人沟通中表现出愿意交往,不惧怕面对他人,因此这类学生也更容易得到理解和接纳,因此他们会更愿意参加运动,更有自信。反之,不爱运动的特殊群体学生,情绪更加消极、低落,在集体中体现为不合群;太过在意别人的眼光,内心谨小慎微;不愿意面对他人,不敢也不愿意寻求别人的帮助;人际关系较差,在学习和生活中更加艰难。

2.运动对特殊群体学生身心的意义

（1）机能的恢复和提升

对于特殊群体而言，通过运动提升和恢复机能体现在两个方面：一是身体机能损伤部分的恢复和提升，二是身体损伤部分之外身体机能的恢复与提升。

例如，患小儿麻痹的学生可以让残障的下肢尝试被动训练或可能范围的主动训练，防止下肢长时间不活动而导致肌肉萎缩，通过训练能最大限度地恢复肌肉力量。此外，对其正常下肢及躯干肌肉群进行主动训练，努力发展肌群的力量，防止因长期使用部分关节和肌肉而造成的关节劳损和整体发展的不协调，这就是体育运动对整体机能恢复和提升的作用。

同样，对于内脏出现功能障碍的学生也可以尝试运动。如先天性心脏病的学生，在听从医生指导的前提下，通过严格控制运动强度、运动量，并采用合适的运动方式进行运动锻炼，这对提升心肺功能、恢复身体功能、术后身体恢复都具有积极的影响。对于这类学生，只要采取科学的方法，进行科学合理的身体锻炼，对身体肯定是有益的。

（2）残障后遗症的预防

残障后遗症有很多种情况，如脊髓损伤者长期不运动会出现褥疮和肌肉萎缩，出现身体某部位的不协调，因身体某部位被过度使用而造成腰痛、膝痛等关节疼痛或足部、肩部等伤害。此外，视力障碍者因长期采取错误的走路方式导致某些部位肌肉劳损等，通过体育锻炼或康复训练是矫正的最好方式，能够预防、缓解或有效改善这些症状。

（3）精神障碍者运动能力和认知能力的开发

精神障碍类型有很多，往往表现为对他人的认同或对自己的感知出现严重障碍，无法控制情绪，注意力不易集中，出现交流障碍。在大学中典型的案例就是自闭症患者，这对他们在校园中的生活、学习以及日后走向社会、在社会上生存造成极大的障碍，也给家庭带来痛苦。虽然自闭症目前还没有有效的治疗方法，但通过体育运动，能够让自闭症学生有更多的交流机会，在运动中逐渐认识自我，通过运动刺激让情绪获得不同感受，并在体育运动中得到相关认知，对走出自闭的状态是很有意义的。

（4）培养自立能力及社会适应力

要正视的是，因为身体和心理的双重原因，导致特殊群体学生在活动参与、自信心、人际交往、身体素质等方面比普通学生存在更多的问题。学校体育教育正是强调科学锻炼、互动、协作、交流、拼搏、乐观，这与特殊群体学生的需求在很大程度上来说是吻合的。通过体育课程、课外体育活动、体育健身、体育康复等多种活动形式，能够让特殊群体学生更加坚强与自信，以更坦然的态度面对学习与生活，迎接未来的挑战，这也体现了体育在某些方面的独有性和不可替代性。

（二）体育特殊教育对象分析

1.特殊群体学生知识储备分析

（1）自身身心状况知识

对于特殊群体学生来说，在参加体育锻炼前首先要对自己的身心状况进行准确的认知。近年来，大学生锻炼时猝死及群众参加马拉松比赛猝死的事件层出不穷，这种事件往往是突发的，没有任何预兆，且一旦发生就是无法挽回的悲剧，对家庭也是沉重的打击。因此，要防微杜渐，作为特殊群体学生就更要关注自己的身心状况，高校的特殊群体学生一般都能进行自我评价，除了个别情况的学生，比如自闭症的学生需要主动干预。当然，让学生了解自我的同时，教师一方更需要对学生的基本情况进行完全的掌控，比如要知道特殊群体学生的致残原因、病态机理、功能评价等，将这些因素作为开展教学的依据。

具体来说，首先要了解学生的残障原因。有些学生表现得很明显，称之为显性表现，比如肢体残疾、视力残疾等，造成疾病的原因很直接,外在表现十分明显。但对于一些因内部原因而产生疾病的学生,就未必能十分了解自我的情况,这就是隐性表现。对于这部分学生来讲,若不能对个人情况有清楚的了解,那么也就不会知道自己适合哪些体育运动,能参加什么样的体育运动,在什么情况下会遇到哪些问题,遇到这些问题将怎么处理,日常需要什么样的康复手段,自己在运动前是否做好相应的身体和心理的准备等。如果不清楚这些基本的常识,那么潜伏在身边的危机就会随时爆发,一旦碰到这种紧急情况,就会手忙脚乱,身边的人就会手足无措。

(2)自身康复知识或体育康复知识

在知道自己得病或致残的原因后,就要了解自己需要哪些基本的康复治疗,或者是了解个人参加过哪些康复治疗,这一点对个人和教师来说都很重要。对于特殊群体学生而言,知道自己需要什么样的康复治疗或知道自己参加过什么样的康复治疗,就会清楚自己适合参加哪种运动项目,减少盲目性。对于体育教师来说,要更加了解学生康复治疗的相应效果或相关的注意事项,在医学的指导下选择补充性练习或体育康复手段,让体育教学和康复治疗具有针对性,此外也能避免出现重复治疗的情况。

另外,学生对康复知识越了解,就越容易明白体育锻炼对于自身康复治疗的作用,就越能激发学生参与体育运动或接受体育康复治疗的意愿,这样体育特殊教育就更容易开展和实施,学生的自我锻炼或康复才能更加持久。

(3)参与运动项目知识

一方面,学生结合自身情况主动思考,主动尝试理解体育与自身的关系,进一步了解个人的身体;另一方面,还能加深对体育运动的了解和认知。在此前提下,特殊群体学生要主动提出自己的意愿,选择某项运动,思考这项运动是否对自己有益,能给自己带来什么样的帮助,如果参加这项运动需要做好什么样的生理和心理准备等,学生对自己有充分的认识,对体育特殊教育的实施无疑具有重大帮助。体育教育者当然也可以充分考虑学生的适应能力和个人意愿,提前做出调整和规划,满足大部分学生的需求。

对特殊群体学生知识储备的了解,首先要积极调动学生的主动性与参与性,让他们积极寻求自身与体育的关系,积极而自觉地参与到后面的教学、锻炼和康复之中;此外,要让体育教师了解特殊群体学生,全面分析并发现他们的问题,并做出准确判断。如果学生提出的问题恰恰是教师解答不出来的,那么就需要安排相应知识的补充和学习,让师生都得到进步。

2.特殊群体学生运动情况分析

(1)特殊群体学生类别与体育运动的关系

只知道特殊群体学生的障碍类别是远远不够的,必须让特殊群体学生出具正规机构开出的诊断证明或分级证明,否则体育教师很难判断清楚。同样是肢体的障碍,因为分级不同,有的人肢体还能活动,可以进行简单的走、跑动作,有的人则更加严重,无法完成这些动作。

因此,教师需要准确掌握特殊群体学生的具体情况,判断学生能不能完成相关的体育活动,并在相关机构的配合下,知道学生的运动禁忌,规避不恰当动作可能造成的危害。在此基础上,考虑不同运动对每个特教学生带来的不同作用与价值,在现有条件下学校能为学生提供什么样的运动条件。

(2)特殊群体学生的运动经历

对于曾经有运动经历的特殊群体学生,教师要重点了解他们参与运动的感受,要了解他们对体育运动的态度,知道他们在运动过程中遭遇了什么样的困难,思考将来如何解决或如何避免这些问题。无论学生是否有运动经历,教师都要事先了解这类学生在运动中到底需要什么样的帮助,了解他们渴望完成哪些靠自己无法完成的事情,哪些事情是需要别人的帮助才能实现的,这对于教学活动和康复练习的开展是非常重要的。

（3）运动参与项目及配套

特殊群体学生与普通学生相比有很明显的差异，每个人都会有自己的特殊性，所以很难从总体上去概括，虽然普通学生也需要考虑个体特征，但是对于特殊群体学生来讲则更要注意。对于普通学生而言，在运动能力的评价上体现为"强"或"弱"，但特殊群体学生所具备的运动能力通常是有限的，往往有可能评判不出"强"或"弱"，所以必须鉴别清楚。因此，要采取必要的测试工作，科学诊断特殊群体学生所具备的运动能力。体育特殊教育教学设计要全面考虑每个特殊群体学生具备的能力，要给予他们展现自身运动能力的机会。

在对特殊群体学生的运动能力进行定位和判断后，就可以根据学生个体特征选取合适的运动方式。运动方式是一个很广泛的命题，并且有不同的分类方法和标准。按发力特点可以分为主动运动和被动运动；按能量代谢方式可以分为有氧运动和无氧运动；按身体素质可以分为力量、速度、耐力、柔韧、灵敏等；根据外在特征可以分为走、跑、跳、投等；按项目可以分为田径项目、体操项目、球类项目、水上项目等。

因为运动方式的复杂多样，所以要根据学生的个体特征确定不同的运动方式。可以选择单一的运动方式但也可以选择复合的运动方式。比如对心肺功能障碍的学生来说，可以采用有氧运动、低强度小运动量的走、在水中进行耐力练习；对于腿脚不便的学生，如果进行下肢康复练习，则需要采用被动练习或辅助练习；如果练习上身或心肺功能、肌肉力量，则可以采用主动训练方式，以多种手段方式来进行。

3.特殊群体学生参与态度分析

（1）运动参与

特殊群体学生在运动参与上要具备多元化。多元化的体育参与往往会创造出更多的机会，扩大特殊群体学生的交流范围，让更多的学生进行接触和交流，改变特殊群体学生单一的体育参与模式,扩大特殊群体学生的网络关系,让他们更好地融入校园生活;通过体育运动,以体育这个平台走出学校,参加社会体育活动,在更大的舞台上展示自己,也让更多人对特殊群体多一分理解和支持,为特殊群体学生走向社会、适应社会、融入社会打下良好基础。

同时,运动参与的多样化能补充体育特殊教育教学。仅仅依靠一周一节的体育课是无法满足特殊群体学生的健身需要和康复需要的,多样化的运动参与是体育课程的延伸和补充,让特殊群体学生在课下进一步巩固课内未完成或未完全掌握的教学内容。通过多样化的运动参与,特殊群体学生能提高运动技能、增强运动能力、提升运动兴趣、实现健康生活。

(2)运动交往

在我国,特殊群体学生的体育发展缺乏社会的支持。通过运动交往的调查,能进一步了解特殊群体学生的运动交往模式。对于特殊群体学生来说,他们的运动交往越丰富,所获得的体育支持也会越多,进而也就会在运动中获得更多的满足感,克服自卑心理,重树自信,对体育运动就越有兴趣和欲望。所以,让特殊群体的体育参与更多元化,是一个良性循环。因此,了解特殊群体学生的运动交往,及时发现并处理问题,在体育教学过程中提供让学生主动交往的机会,培养他们主动交往的意识,并结合志愿者等学校整体支援,实现特教学生的运动交往正常化。

(3)体育比赛

能否参与体育比赛取决于特殊群体学生的能力,而是否愿意参与体育比赛就取决于他们的参与意识与自信心了。目前,体育特殊教育中的现状是学生并没有参加体育赛事的机会。因为整个社会缺乏对特殊群体的关怀,很多人不了解他们有什么愿望,因此,也往往忽略了他们的实际需求。

无论从全纳教育的理念出发,还是从素质教育培养人才的角度出发,创造机会让特殊群体学生参与体育比赛,让他们也能感受到比赛的气氛,通过比赛提升竞争意识、合作意识,这对他们的成长绝对是有好处的。

（4）运动观看

运动观看不仅仅是观看体育赛事，对于特殊群体学生来说，观看他人的练习，观看他人的小组对抗，在比赛中作为啦啦队成员等，都是主动参与体育活动的方式，也是学习、交流的方式。对于视力障碍的学生，也可以通过亲临现场感知运动氛围，通过解说理解比赛，这对于普通人来说再正常不过，但对特殊群体学生来说，则会带来别样的感受。

（5）康复

国内目前对于残障人士的保障体系还不是十分完善，很多特殊群体学生考入大学进入高校后，很难延续之前的康复治疗。通过体育特殊教育建立系统的体育特殊教育体系，一方面可以帮助学生在体育康复上得到支持；另一方面，通过体育教育体系与相关机构取得联系，构成全纳支援网络，为特殊群体学生提供全方位的支持。

（三）体育特殊教育教学目标分析

1.体育特殊教育最终目标分析

在分析体育特殊教育具体目标前，首先要明确体育特殊教育教学的最终目标。对于特殊群体学生来说，体育特殊教育在人生中不过是一个非常短暂的过程，并不是人生的全部，但对于教师来说，要考虑如何让体育特殊教育使学生终身受益。

体育特殊教育的最终目标是经过体育教学、体育康复、课余锻炼训练、体育比赛、体育参与等一系列体育特殊教育活动后最终实现的结果。在体育特殊教育教学的内容选择中，需要考虑教学的结果，教学内容的选择要科学客观，具备预见性和前瞻性。体育特殊教育结果体现在两个方面，一是社会化，二是终身化。体育特殊教育的最终目标如图5-1所示。

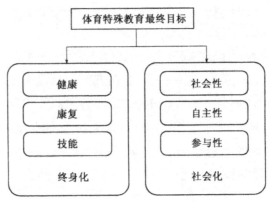

图 5-1 体育特殊教育的最终目标

2.体育特殊教育具体目标分析

体育特殊教育的具体目标主要包括三个方面,分别为体育自主性学习目标;体育活动、锻炼、康复学习目标;社会适应目标。详细内容见表 5-1。

表 5-1 体育特殊教育教学具体目标

体育自主性学习	有目的的感觉体验	让特殊群体学生通过看、听、触、观察等方式,感受体育运动的方式、速度、力量、肌肉、氛围等
	体育意识练习	注意、想象、回忆、联想
	体育技能理解	对于体育技能性质的理解、对于体育技能实施的理解、对于体育技能构成要素的理解、理解自身所需运动
	知识应用活动	体育活动及方式、方法的判断、选择、纠正
	其他特定的认识活动	针对特殊群体所进行的适应性活动
体育活动锻炼康复学习	基本姿势保持	掌握基本的躺、坐、立、蹲、跪等姿势
	运动姿势学习	掌握基本的侧身、仰、屈
	基本活动动作掌握	身体基本动作(抱、抓、拉、抬、举)、移动、走、跑、跳
	基本运动动作学习	身体基本动作(接、推、抛、蹬、拍、踢、打、投、顶、绕环、立转)、移动、走、跑、跳
	运动技能学习	能根据自身身体状况部分或完整地完成技术动作
	体育康复学习(补偿练习)	针对特殊群体学生自身需求,所进行的身体练习、机能恢复等,达到促进、恢复、治疗的目的

续表

社会适应	体育信息交换	通过直接或间接的方式,与特殊群体学生进行体育学习信息交换的同时,达到相互交流和理解的目的
	体育教学参与	能够同步进行相同的、不同标准的或形式、标准都不同的体育教学活动
	体育互动	特殊群体学生之间、特殊群体与志愿者之间、特殊群体与普通学生之间的体育教学、比赛互动

二、体育特殊教育教学内容分析

在体育特殊教育的教学过程中始终有一个固定的过程,依次是体育特殊教育分析、体育特殊教育目标、体育特殊教学内容的选择和组织与体育特殊教育的评价和最终结果。

上述这几个过程确保了体育特殊教育分析和研究的连贯性、整体性和针对性,因此确定教学内容往往是与其他过程交织在一起,即以具体的体育特殊教学内容为主,将其他部分有机融合在其中来进行。

在体育特殊教育的教学内容分析上,主要包括学生的身体构造、机能与运动和运动心理学习这两大部分。

(一)身体构造、机能与运动

通过相关的身体构造与机能理论的生理学知识学习,能让特殊群体学生全面了解自己的身体、生理构造与原理,充分了解自身障碍与身体构造和身体机能的联系,学习基本的训练方法和康复方法及紧急救护的方法,并同运动技能、体育锻炼、康复方法充分融合在一起,进行全方位的学习。

对于特殊群体学生来说,一定要了解理论学习的重要性,要知道理论学习并不是可有可无的,特殊群体的学生理论学习既是实践学习的前提和基础,也是实践教学的充分补充。特殊群体学生只有充分学习到身体和运动的相关理论,才可能建立科学的体育健身和康复理念,才可能主动积极地参与体育。

身体构造、机能与运动基本学习内容见表 5-2。

表 5-2   身体构造、机能与运动基本学习内容

身体构造、机能			
骨骼系统	肌肉系统	神经系统	呼吸、循环系统
骨骼、关节构造及分类	肌肉种类	神经系统的分类	呼吸系统基本原理
骨骼、关节运动方式	肌肉形态	神经系统的传导方式	循环系统基本原理
关节障碍与预防	肌肉收缩方式	运动反射类型	能量供给方式
关节运动训练	肌肉萎缩与预防	灵敏性、节奏感训练方法	心肺功能障碍及预防
身体姿势与骨骼	力量训练方法	协调性训练方法	心肺功能训练方法
身体姿势矫正与训练	肌肉伸展训练方法		心肺复苏学习
运动技能、体育锻炼、体育康复与身体构造及机能的关系			

(二)特殊群体运动心理学习

由于特殊群体自身与普通人在身体上的差异,他们在参加体育锻炼时心理必然会承受更大的负担和压力,因此无论是教师还是学生自身都要主动学习并了解运动心理学的相关知识。作为教师来讲,要有能力提早发现特殊群体学生有可能存在的心理问题,并进行干预;作为特殊群体学生来讲,要通过心理训练主动意识到体育学习中可能会出现的问题,并做好心理准备。

从图 5-2 中显示的心理状态倒 U 曲线图可以看出,参与体育运动时内心适度的紧张和焦虑是完全正常的,但过度的紧张和消极则是有害的,对学习也没有好处。因此,对于特殊群体学生来讲,需要将心理状态努力调节到一个相对平稳的境地,既不会因过度紧张、焦虑而惧怕参加体育锻炼,也不会因为过度消极失去

参加体育锻炼的勇气。因此,就要学会一些心理技能,具体如图 5-3 所示。

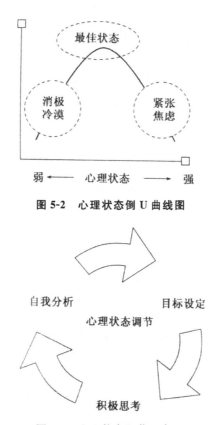

图 5-2　心理状态倒 U 曲线图

图 5-3　心理状态调节示意图

首先,主动判断和分析自己的内心环境,知道自己内心的状态。

其次,给自己设定运动目标,可以是单一的目标,也可以是多重目标。目标可以很多元,包括锻炼健身、康复需要、学习技能、掌握技术、交到朋友、锻炼素质等。

再次,积极主动地思考,想想在运动中若遇到问题时,自己应该如何去应对。

最后,调节自我的心理状态。消除过度紧张,将心理调节到适合进行体育运动的状态。

特殊群体学生的运动心理学习总体包括三个方面,分别为运动参与动机、运动压力和运动心理训练，主要学习内容见表5-3。

表5-3　特殊群体运动心理学习的主要内容

运动参与动机	运动压力	运动心理训练
动机形成的阶段划分	压力的起因	心理训练的意义
内在动机的表现	压力对身心的影响	心理训练的目的
自信的建立	压力应对	心理训练的支持
压力消除方法		

三、体育特殊教育教学评价设计

(一)体育特殊教育评价类别

1.总结性评价

在体育特殊教育评价中，总结性评价一般又称为终结性评价或结果评价，是在某个相对完整的教学阶段结束后对整体教学目标的实现程度进行的评价。在"全纳体育"理念的影响下，原有的"一刀切"式总结性评价方式已经无法达到进行客观评价的目的，因为这种评价方法太过定量化，采取这样的方法就会让评价失去本身的意义，因此，必然会对体育特殊教育评价进行改革。

(1)定量指标的个体化

对特殊群体学生实施的总结性评价，并不是评价学生的能力如何，而是要重点体现目标的激励作用，学生要能够通过定量化的指标来明确个人的努力方向，通过目标的实现来肯定自我价值。针对特殊群体，定量化指标要针对个体的实际情况来确定，因为对于特殊群体学生来讲，即使是相同的残障，也会展现出很大的个体差异。因此，个体化定量指标的设定是最客观的，如果因为客观条件限制无法做到个体化，那么也要按照完全相同或相似类别进行定量化数据的制定。

制定特殊群体定量化指标可以从以下两方面来考虑。

①个体诊断。特殊群体学生针对个人的生理特征、身体素质、运动能力、心理特征等进行诊断，通过获得的数据来制定阶段定量指标。通过运动实施后进行二次诊断，对比数据，重新制定阶段目标。

②制定教学处方。教学处方引用了运动处方的概念，根据教学目标而制定。教学处方和教学目标的侧重点是不同的。教学处方结合学生的个体诊断，根据数据及阶段定量目标，制定针对特殊群体学生的教学目标。

教学处方在内容上主要涉及教学目标和康复目标。体育特殊教育的教学目标又可以分为身体素质目标、参与目标及动作完成目标。这里所说的动作完成并不刻意指运动技能，而是强调特殊群体学生体育学习的实用性，通过身体练习能够对其行动、自理等生活实际操作进行支援。康复目标作为教学评价的一项，在体育特殊教育教学中只起辅助作用。体育教学更多的承担方法的运用和理念的培养，康复训练并不是主要内容，因为具体康复需要教学外系统的康复计划和实施。

（2）定性指标的介入

参与目标主要是评定特殊群体学生的运动态度。而态度评价主要是测评学生在运动过程中的主体感受，或是由态度支配学习、锻炼和康复的可能性。态度评价在具体操作上可以采用初评、制定目标、实施、复评、再次制定目标和实施的过程。

上述评价方法的意义在于改变了过往呆板的评价方式，以往的实施中学生只有在一个阶段后或更长时间才能进行评价，也就是说目标是远离学生实际的。与教学处方相结合，最终的目标就和实际行动紧密结合，目标就是自己努力的结果，对师生的行动具有反馈和指导的作用。

2.过程评价

在体育教学中，过程评价是在教学过程中进行的评价，也称为形成性评价。但在体育特殊教育教学中,这里所指的过程评价有不同的解释,所以这里用"过程评价",而不用"形成性评价"这个称谓。体育特殊教育强调的不是对特殊群体学生在教学过程中学习行为和学习结果的评价,而是对其学习经历进行评价,即过程本身的评价,也就是说可能涉及特殊学生本身,也可能涉及与其相关的其他因素。

之所以采取这样的评价,是因为前面有总结性评价,之后会有诊断性评价,这两项评价在过程中已经对特殊群体学生的学习行为和学习结果进行了评价,因此没有重复的必要。另外,对于特殊群体学生自身来讲,更需关注他们是如何参与体育学习的,在学习过程中体现出什么样的态度,这需要体育教师进行综合考评。

过程评价涉及的主要内容有以下两部分。

第一部分是体育特殊教育是否做到让特殊群体与普通学生相互融合。具体来说,即教学内容上是否满足了双方需求,教学手段是否符合特殊群体学生的需要,教学组织能否让二者得以互动,课后学生的学习情况等。

第二部分是课堂内外的支援是否体现在整个教学过程中。具体来说,教学中是否有志愿者或相关辅助人员进行帮助,在教学中是否具备齐全的场地、器材、器具等硬件设施,特殊群体学生使用数字化多媒体技术情况等。

这里的过程评价重点强调特殊群体学生,在一定程度上教学的实施是更加重要的。在体育特殊教育教学中,有一个好的执行过程,可能会有一个好的教学效果;但如果教学过程不科学的话,那么教学效果一定是不好的。

3.诊断评价

诊断评价在相关研究中也被称为准备性评价,指的是在教学活动实施之前的评价,但也有相关研究认为诊断评价是在教学前及教学过程中采用的。事实上,体育特殊教育中的诊断评价是教学全过程实施的评价,也就是根据教学过程需要随时安排的一种行为。也就是对于特殊群体学生从安全或教学的角度来说,在必要时对他们进行诊断,以便体育教师及时了解特殊群体学生的情况,并及时对教学计划或教学安排进行调整,所以在教学开始前、教学进行中、教学结束后都可以实施必要的诊断。

体育特殊教学诊断的具体内容见表5-4。因为教学活动中有可能会发生各种意想不到的事情,所以把诊断内容做到细化是很困难的,在这里本书只给出了诊断的框架,在实际教学中需要教师对内容进行添加或删减。

表5-4　体育特殊教学诊断内容

常规检查			教学检查		
健康检查	形态检查	运动机能（初评）	教学实施		
脉搏	身高、体重	身体机能	运动机能实施诊断		
血压	身体围度	身体素质	运动技术学习诊断	过程诊断	态度评定
心肺功能	上、下肢	动作能力			
皮肤、褥疮等	脊柱	动作幅度			
禁忌情况	关节				
	皮脂				

(二)体育特殊教育教学评价的实施

体育特殊教育教学评价在实施上强调的总结性评价、过程评价及诊断评价在实际上没有明显的界线。其实就教学评价来讲,总结性评价、过程评价和诊断评价这三者之间本身就是互有交叉、相互支持的。通过三者的协同作用,体育教师能掌握特殊群体学生的真实情况,并由此制定初步方案。通过一段时间的教学实践后,对教学目标进行复诊和改进后确定第二步方案。在教学期间必然会通过反馈对教学进行若干次的微调,如此反复,最终实现体育特殊教学任务。体育特殊教学评价在实施上的具体步骤如图 5-4 所示。

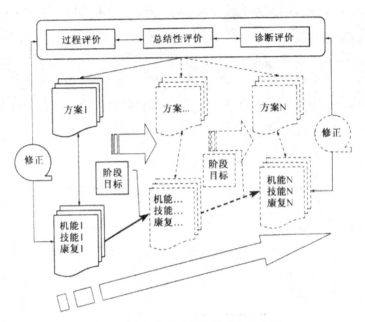

图 5-4　体育特殊教学评价的实施步骤

第六章 高水平运动队训练管理的理论与实施研究

高水平运动队的竞技能力很强,在我国奥运争光计划和竞技体育可持续发展方面作出了巨大的贡献,是我国攀登世界体育高峰的主力军。鉴于高水平运动队的重要性,我们有必要加强对高水平运动队训练的管理,从而保证运动队夺取更优异的运动成绩,为我国体育事业的发展增光添彩。本章主要从运动训练管理概述、高水平运动队训练管理的原理、内容、方法、体制、机制及绩效与评价等几方面着手来研究高水平运动队训练管理的理论与实施。

第一节 运动训练管理概述

一、运动训练管理的概念

运动训练管理指的是训练活动的组织者设计运动训练系统及训练过程,并予以实施,从而促进运动训练目标顺利实现的组织行为。

二、运动训练管理的任务

对运动训练的资源进行有效的整合,促进训练流程的规范及训练质量的提高是运动训练管理的基本任务。

三、运动训练管理的体系结构

近年来,竞技体育事业发展呈多元化趋势,主要表现在社会化发展、市场化发展、职业化发展和产业化发展等几个方面,在这一背景下,我国运动训练管理的体系结构也发生了相应的调整,如图 6-1 所示。在该管理体系中,发挥主导作用的依然是政府管理体系,与此同时,在运动训练管理中,协会、团队和企业发挥的作用也越来越重要。在管理内容上,突破了传统的物力、人力及财力的管理,逐渐将管理重点转移到功能管理、目标管理、过程管理、质量管理等方面,涵盖了更多的内容。

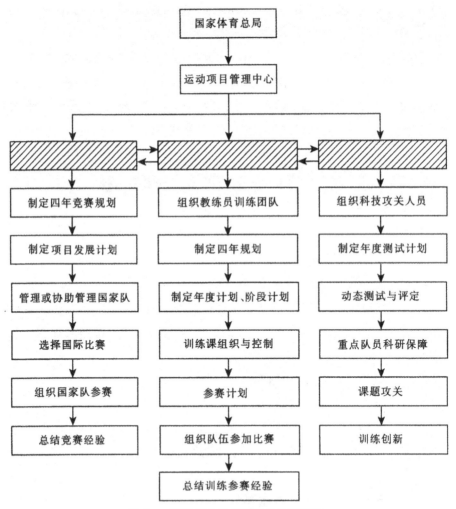

图 6-1　我国运动训练管理的体系结构

第二节　高水平运动队训练管理的原理、内容与方法

一、高水平运动队训练管理的原理

(一)动态原理

1.概念

动态原理指的是在管理过程中,对管理对象的变化情况要正确及时的把握,对各个环节要不断进行调节,以高度概括整体目标实现的规律。任何管理活动的管理对象无非是人、财、物、时间、信息等因素,这些管理内容不是静止不动的,而是在不断变化、发展,为了与变化了的管理对象保持一致,管理活动的各个环节也要有所变化,包括管理计划、管理组织、管理控制及管理协调等方面,这样管理目标的实现才能有所保障。

2.应用

(1)运用反馈有效抑制管理过程

系统输送信息,反馈输送的作用结果,然后再将信息输出,这就是所谓的反馈,反馈的功能集中体现在调节控制方面。通过信息的反馈,可以有效控制未来行为,使行为更有利于管理目标的实现,这就是反馈控制功能的体现。在运动训练管理中,只有不断反馈,管理目标的实现才有可能成为现实。

发挥反馈的控制作用,通常会有两种效果出现:一是增加系统输入对输出的影响,使系统运动偏离目标;二是减少系统输入对输出的影响,使系统运动接近目标,趋于稳定。后者在我国高水平运动训练管理实践中运用较多。

反馈与控制相辅相成,控制要以反馈为基础与前提,实现管理目标,离不开控制这一有效的手段。信息是反馈与控制的基础,传递信息主要是为了更好地实施控制。运用反馈可以使控制更有效,但必须增加反馈的准确性与灵敏性。

(2)在管理过程中保持弹性

在高水平运动队训练管理中,管理环境复杂多变,因此必须在管理中留有一定的空间,保留相应的弹性,以便在客观事物出现变化时能够有调整的余地,这就是管理中的弹性原则。

在高水平运动队训练管理中,如果保留的弹性较大,就能够在一定程度上提高管理的适应性,在管理中较快地适应新的环境,但适应性增加的同时原则性就会减弱;如果保留的弹性较小,就会影响管理中的适应性,但会突出管理的原则性。因此,要以不同的管理层次、管理需求、管理对象和管理目标等具体情况为依据来设定弹性的大小,这个标准并不是绝对的。

在高水平运动队训练管理过程中,局部弹性、整体弹性都是需要重点考虑的内容,要采取积极弹性,避免消极弹性,从而更好地提高管理的效率与效果。

(二)竞争原理

1.概念

事物发展中,要遵循的规律有很多,其中优胜劣汰的规律最为常见。体育运动具有竞争性,因此竞争时时刻刻存在于体育运动管理中,也处处体现在管理的各个环节。竞争与压力往往是分不开的,竞争使人有压力,压力激发人的斗志和精神。因此也可以说,是竞争激励人上进,调动人的工作热情,挖掘人的潜能,激发人的创造性,使人们在各种困难面前都能想办法克服。此外,在促进内部团结、增强团队凝聚力、增加组织集体的生机和活力方面,竞争都发挥着重要的作用。

从上述分析,可以将竞争原理的概念概括为个人与个人之间,团体与团体之间,国家与国家之间,为了自己的目标和利益相互竞争,争取胜利的理论。[①]

2.应用

(1)竞争条件要一致

在高水平运动队训练管理中运用竞争原理,首先要保证竞争的条件相同或相近,同一级别运动员的竞争标准必须一致,这是使运动训练评价体系保持公正性,促进运动训练目标实现和运动训练进一步发展的基础保障。

(2)公平、公正地进行评价

在检查运动员的训练效率和训练成绩时,要采用公平公正的评价制度,要结合定量与定性的方法来设计评价标准,尽可能使评价工作达到公平、公正、合理的要求。

(3)以增进交流、互相提高作为竞争目的

在体育领域,不管是什么形式的竞争,增进友谊,促进团结与合作,培养团队精神是始终不变的目标之一。竞争过程中的相互交流和共同进步非常重要。

(4)预防不正之风

在高水平运动队训练管理中,任何一个环节都要按章办事、依法办事,保证管理结果的公信度。例如,在运动赛事管理中,要能够从整体上驾驭大型综合赛事,保证比赛的公平、结果的公正,这样运动员的辛苦训练才有价值、有意义。公平公正的比赛可以激发运动员的斗志,也能够使观众的欣赏更有意义。

二、高水平运动队训练管理的内容

在高水平运动队训练管理中,管理内容十分广泛,具体包括以下几个方面。

[①]　刘青.运动训练管理教程[M].北京:人民体育出版社,2007.

（一）组织人事管理

本质上而言,高水平运动队训练管理就是整合运动队的人力资源,然后对人力进行管理。具体从以下几方面开展管理工作。

1.建立科学的选拔制度和管理体系

在高水平运动队训练管理中,首先要建立选拔制度,选拔优秀的教练员与运动员,并对其进行专业培养。

选拔优秀教练员的途径有很多,常见的几种有试用观察、单位推荐、专家评议、公开演讲、阶段考核、成绩评估、系统培养等,通过这些途径,可以提高优秀教练员的选拔与培养效率,而优秀教练员数量的增加与质量的提高又有利于从整体上提高运动队的训练水平。

选拔优秀的运动员,要考虑我国的奥运争光计划,在此基础上对各个项目的优秀运动员进行科学选拔,培养优秀的运动员有利于使其创造更优异的成绩。

在优秀运动员的选拔中,要在坚持以下几方面准则的基础上构建选拔体系。

（1）提前将运动员选拔日程确定下来。

（2）要根据不同项目的国际比赛、国内赛事和国家队组织的比赛等多种赛事的要求来进行选拔。

（3）在比赛选拔中,可采取积分制,对运动员的比赛成绩进行量化,根据量化结果进行选拔。

（4）加强专项指标的测试,为选拔提供科学的依据。

2.采用科学的培养方法,促进人力资源素质的全面提高

在高水平运动队训练管理中,要培养各个层次的人力资源,要在新信息时代背景下进行人力培养,使新时代的人才符合时代发展的要求。

新时代对各个层次人力资源的要求具体如下。

第一,管理人员具备丰富的科学管理知识。

第二,教练员要对国际国内动态变化趋势加以把握,及时更新训练理念,创新训练方法。

第三,运动员要具备良好的综合素质,专项智能要达到一定的水平,训练要积极主动。

第四,科研人员要对相应项目的本质规律进行深入的研究,对训练过程的变化特点和制胜规律加以把握,运用专业知识科学分析问题,拓展思维。

我国一些项目的国家队为了培养优秀的教练员与运动员,从以下几方面着手进行培养。

(1)制定定期培训制度,并严格按照制度要求培训人力资源。

(2)按照科学的培养方案培养教练员的科学训练素养,使用相关的科研工具来提高指标分析水平,不断巩固教练员在训练中的主导地位。

(3)注重培养教练员的外语能力,推动我国教练员与国际优秀教练员的互动与交流。

(4)加强对运动员初始状态的诊断,并注重这方面的研究,对教练员分析问题的能力重点培养。

(5)在理论研究方面明确提出了硬性指标,要求教练员每年都要撰写本项目的专业理论文章。

(二)思想教育管理

在高水平运动队训练中,思想教育同样非常重要,这项管理工作需要长期坚持才能取得可观的效果。高水平运动队经常要代表国家、省市参加国内或国际大型比赛,为国家和地区争取荣誉,这就对运动员的技术水平、思想道德素质和体育作风提出了更高的要求。从运动队的特点来看,对运动员进行思想教育主要包括以下几方面的内容。

(1)培养运动员爱国、爱人民的意识与观念。

(2)培养运动员的集体主义精神和团队精神。

（3）培养运动员遵守组织纪律的习惯。

（4）培养运动员坚韧不拔、顽强拼搏的意志品质。

（5）培养运动员互相尊重、助人为乐的精神。

在运动员思想教育中，要融入"祖国培养意识"，国家在培养优秀运动员方面付出的代价是巨大的，人民为此也付出了大量的劳动，运动员在取得优异成绩的同时，要意识到这与国家和人民的辛苦与奉献是分不开的。在运动员进行自我评价时，也要在祖国培养意识的指导下进行，这有利于运动员形成正确的价值观。

在运动训练和竞赛中，教练员和运动员的接触与交往时间很长，利用这个时间来培养运动员的思想品质是非常关键的。教练员要充分利用训练比赛阵地，在训练比赛中融入思想作风教育。此外，在运动员的日常生活中也要注重这方面的教育，使运动员在各方面都能严格要求自己。在不同的训练时期，要结合具体的训练任务和内容选择不同的思想教育内容，要组织运动员进行理论学习，从而使运动员的思想道德水平提升到一个新的阶段。

计划经济时期遗留的传统训练意识、社会不良倾向以及不良行为依然不同程度地冲击着现代社会中的运动员，为了避免运动员受到腐朽、没落思想文化的侵蚀，必须加强思想教育，提高运动员的"免疫力"。

（三）训练竞赛管理

1. 训练计划管理

训练计划就是从理论上设计未来训练活动，指导训练实施的过程，教练员和运动员在训练过程中要依据训练计划来完成任务，为保障训练的成功进行，需科学制定和实施训练计划。按照时间长短，训练计划被分为多年训练计划、年度训练计划、阶段训练计划、周训练计划、课训练计划等几种类型。不管是制定哪种类型的训练计划，以下几个内容是必须涵盖的。

（1）训练队的训练现状分析。

（2）训练目标体系。

（3）训练的指导思想、任务、内容及方法手段。

（4）训练阶段的划分。

（5）训练负荷的安排。

（6）训练效果评价等。

在制定训练计划后，要进行评议、检查、修订，以促进计划的不断完善，更好地发挥计划的指导作用，使运动训练顺利实施，提高训练效率。

2.参赛管理

高水平运动队往往参加的是规模大、水平高的比赛，而且参赛数量多，因此竞赛效益是十分受关注的。

因为面临的任务艰巨，责任重大，所以要严格选拔参赛运动员，公开竞争、教练组指定等是选拔的主要方式。

公开竞争指的是，高水平运动队组织内部比赛或参加重要比赛，按照比赛成绩将参赛人选最终确定下来。我国选拔世乒赛的参赛选手一般就是通过公开竞争选拔的。需要注意的是，公开选拔的方式不利于从全局来综合分析整个队伍的发展。

教练组指定的方式指的是教练组的成员在特定情况下，以比赛任务、要求及队员的实际情况为依据，在研究商讨的基础上对最终的参赛人选做出决定。从某种程度上而言，教练组指定的选拔方式说服力不强，主观性明显。

以上两种选拔方式各有利弊。因此结合两种方式进行选拔效果会更好。

在运动比赛中，对于教练员已经布置好的技战术要求，运动员需严格服从，队员之间要互相鼓励、帮助，充分发挥团队精神。此外，在比赛的整个过程中，运动员对裁判、对手、观众都要持尊重的态度。在比赛开始前，认真把比赛用品准备好，赛后对个人和集体装备要仔细清点。在参加奥运会的过程中，我国优秀选手总结出了程序化参赛的科学准备方法，该方法系统化、整体性很强,有利于为参赛科学管理提供参考。

程序化是节省化的前提与基础。程序化参赛理论提出,要科学有序地安排各项参赛因素,包括时间、空间、生理、心理等各方面的因素,使运动员清楚自己要做什么,合理规划好自己的事情,这样运动员才有更好的机会将自己的运动能力发挥出来。

在制定程序化参赛方案时,注意事项如下。

(1)在每个赛季都要制定参赛方案,小的比赛和模拟实战都是如此,这样才能做好充分的准备来迎接大的比赛。

(2)制定系统的参赛方案。

(3)将准备活动细化、层次化,这是制定参赛方案的主要要求。

(4)制定战术方案。

(四)文化学习管理

运动员的竞技能力由技战术、体能、智能、心理等因素组成,其中运动智能的重要性不容忽视,加强运动员的文化教育,可以提高运动员的运动智能水平。我国运动员大都从小从事专业化训练,系统学习文化知识的时间很少,因此学训矛盾始终困扰着运动员的全面发展。另外,部分运动队的教练员和管理人员也不具备丰富的文化知识,因此在运动员文化教育中难以发挥作用,再加上推动运动员训练和学习效果同时提高的机制还未建立,导致运动员文化素质低,与其专业技能水平形成很大的差距。对此,我们必须在专业训练的同时加强文化教育,促进运动员文化素质与专项素质的协调发展。

(五)财务后勤管理

在高水平运动队管理中,要安排专门的人员管理财务和后勤工作,要科学制定管理制度,管理人员严格遵守制度要求进行管理,旨在满足运动训练和比赛的需要。

（六）科技服务管理

在高水平运动训练中,针对科研活动进行的管理就是科技服务管理,对科研人员的管理和对科技攻关过程的管理是这方面管理的两个主要内容。在现代运动训练中,为了更好地备战,必须注重科技攻关与科研服务。近年来,科学训练意识的强化推动了这一领域科研人员的增加,随着研究的不断深入,科技攻关项目越来越多,这直接推动了科研管理内容、形式的变化。

在科技服务管理中,应主要从以下几方面着手。

1.建立科技攻关团队

随着现代运动训练水平的不断提高,建立多维化的科技攻关团队越来越有必要,建立过程中要重点以项目本质特征、训练体系构建、奥运攻关难点、训练各个环节创新等为核心进行攻关。在科技攻关组织上,要充分整合与利用体育内部科研资源,吸纳专业的科研人员投入这一工作中。

2.注重科技服务的工作流程

（1）每个运动队依据本队队员的具体情况将常用专项指标选定,并对不同负荷前提下有效、实用、可操作性强的指标评价系统进行制定。

（2）从标准化角度出发培训科研人员,使其综合分析能力进一步提高,要深入了解具有动态性和综合性的各项指标的价值,并预测指标的前瞻性,科学预测运动员的未来状态,为提高训练效果提供正确的导向。

（3）依据相关标准对运动队科研管理进行分层,一般将其分为测试服务型、科研分析型、课题攻关型、训练创新型、科技先导型五个层次,进行分层管理。

3.建立数据库,提高训练的定量管理水平

在科研测试与分析中,科研人员要对数据分析程序和分析步

骤有所明确,以便能够清楚地掌握各个指标的意义和价值。在训练全程,要注意积累科研数据,建设信息化平台,推动训练的科学化发展。

4.建立运动训练科研管理制度

在我国高水平运动队训练管理中,科研管理效果的提高离不开制度的制定与实施,从当前运动训练科研管理的现状出发,应建立包括以下内容的运动训练科研管理制度。

(1)运动训练科研的立项管理。

(2)运动训练科研的信息管理。

(3)运动训练科研的计划管理。

(4)运动训练科研的人员管理。

(5)运动训练科研的成果管理。

(6)运动训练科研的奖励管理。

(7)运动训练科研的经费管理。

(8)运动训练科研的合作管理等。

三、高水平运动队训练管理的方法

高水平运动队训练管理的方法有一般方法和现代方法,一般方法指的是行政管理法、法律管理法、经济管理法等;现代管理方法指的是信息系统管理法、数量分析法以及管理心理学方法等,下面主要就现代管理方法中的后两种方法进行分析。

(一)数量分析方法

1.数量分析方法概述

(1)数量分析方法的概念

以定量分析为主的管理方法就是数量分析方法。

(2)数量分析方法的要素

现在,数量分析方法包含的内容非常丰富,这些内容也形成了相对独立的分支。但不管是哪种类型的数量分析方法,其都包含理论基础、数学模型、方法步骤和管理手段四个要素。

2.数量分析方法的应用

常见的数量分析方法有网络计划方法、可拓工程方法、博弈论方法等,下面主要就网络计划管理方法进行分析。

20世纪50年代后期,网络计划技术逐渐发展起来。这种管理方法的基本原理是将一项工作分成各种不同的作业,然后以作业顺序为依据进行排列,通过网络图来统筹规划并控制整个工作或项目,以便在节约人力、物力、财力资源的同时还能够高速完成工作。

网络计划技术的步骤如图6-2所示。

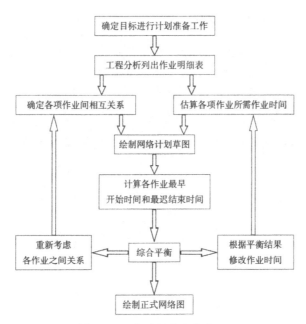

图6-2　网络计划技术的步骤

在现代运动训练管理中,网络计划技术作为新的管理方法得到了广泛的运用,这主要得益于其以下几方面的优点。

(1)网络计划技术可以将整个工程中各个项目的时间顺序和相互关系清楚地反映出来,并将完成任务的关键环节和路线指明。因此,在运动训练管理中,管理者可以更好地统筹安排,考虑全面,抓住重点。

(2)网络计划技术可优化工程的时间进度与资源利用效果。在实施计划的过程中,管理者将非关键路线上的资源调动起来参与关键作业的完成,既节省资源,又能提高效率。

(3)可事先对达到目标的可能性进行评价。网络计划技术将计划过程实施中可能发生的问题及这些问题对整个工程的影响明确指了出来,这有利于管理者提前做好应急措施准备,从而减少风险。

(4)网络计划技术对组织与控制有利。管理者可以将完整的工程分成许多支持系统,对这些系统分别进行控制与管理,化整为零,实现局部和整体的一致性。

(5)网络计划技术操作性强,应用范围广泛,在各行各业以及各种任务中都适用。

网络计划技术突破了"条形图"的局限,在编制计划的过程中可以将各项工作的逻辑关系明确反映出来,并能抓住主要矛盾优化各项计划,在执行计划的过程中对各个环节进行有效控制与监督,保证各方面资源都得到合理使用,保障各方面工作的安排都科学高效,因此该项技术广泛运用于各领域的实践工程中。例如,在大型运动比赛过程中,因为比赛项目多,参与赛事的人员多,所以管理起来比较复杂,而采用这一技术进行管理可合理安排各项工作,优化比赛日程安排,确保在有限时间内顺利完成比赛。

(二)管理心理学方法

管理心理学是以管理活动中人的心理活动规律为研究对象,以提高人的积极性、激发人的潜能、提高人的工作效率和管理效率为目的的一门科学。[①] 在高水平运动队训练管理中采用管理心理学的一系列理论,可促进管理思想的活跃、发展,促进管理方法

---

① 刘青.运动训练管理教程[M].北京:人民体育出版社,2007.

的丰富和管理效果的提高。

1.管理心理学方法的内容

（1）调查法

调查法具体有谈话法和问卷法两种形式。谈话法运用灵活，可以及时发现新问题，但要以彼此信任为基础，切忌研究者存在主观偏见。问卷法的运用也比较普遍，但是设计与编制问卷存在一定难度。

（2）实验法

在高水平运动队训练管理中，组织及团队的内外环境以及成员间的相互作用都会影响管理对象的心理活动，所以用实验法进行研究的可能性较小。

（3）经验总结法

经验是人们在特定条件下实践的结果，所以其未必就是科学知识，带有一定的局限性与特殊性。但是通过总结个人经验，向更广阔的范围推广，如果可以产生好的成效，那么就能够从中对具有普遍意义的规律进行探索。所以，在高水平运动队训练管理过程中，要善于运用与推广管理者、教练员、运动员的丰富经验，但又不能只是简单地总结经验后就加以运用，而要将经验上升到科学理论层面。

2.在高水平运动队训练管理中运用管理心理学方法的作用

（1）促进以人为中心的管理的加强

在高水平运动队训练管理中运用管理心理学方法，能够将人的积极性、主动性和创造性充分调动起来。组织中的人多种多样，他们感情丰富，能力不同，个性独特，需求多元。管理心理学可以有效地帮助管理者对不同管理对象的心理进行正确把握，使管理者对不同个体的心理特点都能有一个清晰的了解，而了解个体的个性及心理对提高训练效果具有重要的意义。通过了解运动员的心理，可进一步合理配置运动员，加强对运动员的管理，促进个体、团体目标的实现,提高个体的利益。

(2)知人善任,合理使用人才

组织中每个人的个性特征都不同,具体反映在性格、兴趣爱好、气质、能力等方面。现在的年轻人敏感,好奇心强,兴趣广泛,经验感受深刻。因此教练员必须对运动员在人与人之间的关系,以及动机心理学方面的问题比较敏感。教练员必须在赛季预先对运动员的各种不同个性加以了解,只有这样才能有针对性地制定训练计划,采用适合运动员的训练方法。

运动员或运动队的个性不同、队风不同,教练员与之交往的形式、训练方法自然也会不同。在高水平运动队训练管理中运用管理心理学方法,可以帮助管理者对运动员的性格特点和能力所长有一个全面的了解,从而在训练中尽可能做到人适其所,人尽其才,充分发挥每个运动员的能力和优势。

(3)促进人际关系的改善和群体凝聚力与向心力的增强

在高水平运动队训练管理中,使全队能够齐心协力是教练员或训练管理者面临的最困难的任务。为完成这一任务,管理者需深入理解管理心理学在群体心理与行为方面的研究,从而对个体与群体、群体与群体间的互动关系、协调关系有一个深入的了解,形成团队合力。加强高水平团队的建立,促进群体活动效率的提高。

(4)促进组织的变革和发展

高水平运动队的训练管理系统是开放的,是随着内外部环境的变化而变化的,因此要随着环境的变化而适当进行一些变革和创新。管理心理学立足于人本管理理念来研究组织结构的形式对组织成员的心理影响、可塑性组织的能力及其设计、高层管理者在组织变革中的有效思考与行为、组织变革的基本模式与对策等,运动训练管理者采用该研究方法和成果能够科学设计和改造组织,实现组织的双重目标。[1]

第三节 高水平运动队训练管理的体制与机制创新

一、高水平运动队训练管理的体制

(一)运动训练管理体制的概念

一个国家选拔、培养、输送运动员,以及为保证运动训练系统正常运行所建立的组织机构体系、管理权限范围划分、相关人员的配备和所制定的各项制度的总和就是所谓的运动训练管理体制。[①]

(二)常见的几类运动训练管理体制

按运动训练的性质,可以将运动训练管理体制划分为以下几种类型。

1. 以专业为主的训练管理体制

以专业为主的训练管理体制的特点是,政府相关部门负责培养运动员,国家提供训练经费、场地设施,统一安排教练员等。运动员要在专业训练中不断提高自己的专项技能。采用这种训练体制,有利于高度整合相关资源,而且对培养高水平的运动员和优秀的后备运动人才具有重要意义。

2. 以职业为主的训练管理体制

本质上说,以职业为主的训练管理体制就是依据市场经济发展规律和高水平竞技运动发展的需要来经营体育,具有企业管理

---

① 刘青.运动训练管理教程[M].北京:人民体育出版社,2007.

性质。一般在群众基础广泛、经济效益好、市场前景好的项目实行这种体制。

3.以业余为主的训练管理体制

以业余为主的训练管理体制的特点是,由个人或家庭支付训练经费,社会和政府共同提供训练所需的场地设施。在这种体制中,文化教育和运动训练都能够得到保障,对运动员的全面成长十分有利。

二、高水平运动队训练管理机制的创新

对高水平运动队训练管理机制进行创新,需要从以下几方面着手进行。

(一)观念创新

管理观念创新就是管理思维和理念的创新,通过观念创新,可以实现思想的解放,能够使高水平运动队的发展与我国经济与社会的发展需要保持一致,管理观念创新具体要从以下几个转变入手。

(1)从"物本管理"转变为"人本管理"。
(2)从"命令管理"转变为"服务管理"。
(3)从"静态管理"转变为"动态管理"。
(4)从"封闭管理"转变为"开放管理"。

(二)组织创新

职权和职责划分、管理幅度选择、管理部门设计等方面的问题是当前我国高水平运动队训练管理机制中存在问题的集中点,这些问题对管理者管理能力的发挥及管理效果有直接的影响。为了完善这些问题,需加强运动训练管理组织创新,从而促进资源的优化配置、机构的整合和各岗位人员作用的充分发挥,提高

管理效率。

当前，我国高水平运动队训练管理的组织结构以金字塔结构为主，该结构存在的问题主要表现在分工过细、结构层次重叠、管理幅度小、工作效率低、部门之间存在隔膜、工作人员的积极性和创造性不高、全社会参与度低等。这些问题严重影响了运动训练管理的质量与效率。为解决这一问题，需加强训练管理组织结构的创新，建立扁平型、网络型的组织结构，减少管理层次，加强决策层和执行层的沟通与交流，从而提高新结构的适应能力。

(三)方法创新

在高水平运动队训练管理中，无论是管理者行使管理职能，还是落实管理工作以及实现管理目标，都需要采用科学有效的管理方法。因此必须保证管理方法的科学性和可操作性，加强运动训练管理方法的创新，使管理方法与时代要求相符，对此，管理者必须深入分析各个管理方法的优缺点，并根据不同方法的适用范围和管理对象的具体情况来整合与创新管理方法，在运动训练管理领域引入新管理方法，促进管理水平的提高。

(四)制度创新

在高水平运动队训练管理的制度创新中，一般有以下两种创新方式。

第一，推陈出新，改革过去的规章制度，促进已有制度的完善。

第二，制定新的运动训练管理制度。

不管采用以上哪种方式来推动管理制度的创新，都要注意以下几个要点。

第一，对运动训练管理部门的职能要重新界定。

第二，促进管理机构设置制度的完善。

第三，促进管理行为监督制约制度的完善。

第四，促进管理资源优化配置制度的完善。

第四节 高校高水平运动训练管理的绩效与评价

一、高校高水平运动训练管理的绩效

高校高水平运动训练管理的绩效主要体现在运动训练管理过程和运动训练管理结果中。在高校高水平运动训练管理中,加强绩效管理十分必要,在绩效管理中,要促使教练员绩效、运动队和相关部门绩效以及组织管理人员的绩效之间的相互融合,并将个人绩效管理提升到战略管理层面。同时,对每个环节的绩效管理都要加强,要提高教练员和组织管理者的参与度,二者不断沟通、相互帮助,共同完成预期的绩效目标,进而实现运动训练管理的整体战略目标。

二、高校高水平运动训练管理绩效的评价

在高校高水平运动训练管理中,主要从以下几个方面出发来评价管理绩效。

（一）运动训练管理的条件

运动训练管理的条件主要包括人力、物力、财力、信息、技术等。评价运动训练管理的条件,要对这些要素进行全面的评价,从而提高评价的客观性与准确性。

（二）运动训练管理的过程

要提高高校高水平运动队的训练效果,需要系统地开展训练,科学规划训练过程,并加强对训练过程的管理。运动训练管理过程同样也是运动训练绩效评价的主要内容。在具体评价中,

需要从教学管理、训练管理、思想政治工作、生活管理、行政管理等几方面出发。

(三)运动训练管理的效益

评价运动训练管理的效益,主要是对高校高水平运动队训练的绩效进行总结性管理。一般来说,上一级训练层次输送的人才数量、质量以及训练的成才率等是评价运动训练管理效益的主要标准。

第七章 我国高校高水平运动员的培训与管理研究

运动员作为运动队的重要组成部分,处于主体地位。运动员的水平,对整个运动队的水平起着决定性的影响,因此,为了保证运动队的高水平,需要对运动员进行相应地培训和管理。本章主要从高水平运动员的选材、训练计划的设计与组织、综合能力训练与管理以及医务监督与伤病管理几个方面入手,来对高水平运动员进行科学的选择、培养与管理,从而使其运动水平得到有效发展和提升。

第一节 高水平运动员的选材

以一定的标准和测量评价手段为主要依据来选拔适合从事某类运动项目训练的专门人才的过程,就是所谓的运动员选材。儿童少年是运动员选择的主要对象。

一、运动员选材的任务与实现

运动训练是由多个部分构成的,运动员选材是其中的一个重要组成部分。一般来说,只有挑选到适合从事某类运动项目的苗子,教练员才有可能成功地对其进行在一定目标下的专业训练,进而完成后续的一系列训练、竞赛任务,实现运动训练目标。因此可以说,运动员选材是运动训练的起始点。

　　具体来说,运动员选材的主要任务在于:首先要对儿童少年生长发育规律和遗传特征有充分的研究和认识,然后在此基础上,以不同运动项目的特点和要求为主要依据,将有关知识综合运用起来,采用调查、测试、评价和预测等多种科学手段,把具有运动天赋的儿童少年选拔出来,进行科学的训练,以获得较佳的运动竞技能力。

　　通常来说,要想实现这一任务,需要通过以下几种途径来进行。

　　第一,通过相应的调查和测试,来获取参训候选人现实状态信息。

　　第二,通过采用相对评价和绝对评价两种评价方式,来对参训候选人现实状态信息加以评价。

　　第三,对参训候选人的竞技潜力加以科学预测。

　　总的来说,为竞技体育选拔、培养和储备一批能够夺取金牌的优秀后备人才,是选材的最终任务所在。通过选材,能够进一步提高运动训练的效率,提高运动训练的潜力空间。

二、运动员选材工作的阶段划分

　　一般来说,从运动员选材发展过程来看,可以将运动员选材分为三个阶段,即自然选材阶段、经验选材阶段和科学选材阶段。

　　(1)自然选材:其主要标准为运动成绩。

　　(2)经验选材:其主要为教练员在实践中积累的、有目的的经验总结为依据,凭借教练员自己的经验,以定性的标准和简单的定量指标测定为主,采用简易的手段所进行的粗略选材。

　　(3)科学选材:是相对于"经验选材"而言的,指运用相关学科理论和方法,建立系统的"运动员选材标准",通过测试和考察,参照"运动员选材标准"进行的运动员选材。

　　通常来说,系统的"运动员选材标准"中所包含的内容是非常广泛的,其中,最主要的有两个方面:一个是专项的运动能力、身体机能;另一个是目前尚无法测量但以教练员的经验却能在一定程度上判断的某些运动能力的特质。

三、运动员科学选材的实施

在运动员选材过程中,其实施步骤主要有以下几个方面。

(一)将选材时机确定下来

从竞技体育发展的需求和选材研究现状看,选材的主要对象是儿童青少年。由于开始从事专业运动训练的时间对于运动员的训练效率影响很大,因而,从事专业训练的时机显得尤为重要。过早会造成较大的运动伤害风险和拔苗助长,对其竞技运动生命产生不利的影响;过晚则会错过各种运动能力发展的敏感期,不能充分挖掘出其运动潜力,不同运动项目对运动员的竞技能力要求是有所差别的。

(二)进行家族调查

由于被选运动员的形态、生理机能、运动素质、心理等方面是具有遗传性的,因此,为了更好地了解被选运动员的基本状况,需要对其家族中的成员进行全面细致的调查。并且针对调查结果,对这些与运动能力有关联的因素以及被选运动员可能达到的最高竞技水平加以分析,从而提高对运动员现实竞技能力诊断和预测的准确性,提高成才率。

通常情况下,运动员选材常用的调查方法主要有两种,一种是结构访谈法,另一种是问卷调查法。两种方法的适用范围不同,具体要根据实际情况和需要加以选用。

根据遗传学研究中谱系调查的理论和科学选材的实践经验,调查对象主要包括:被选运动员家庭成员(祖父母、外祖父母、父母、兄弟姐妹)和存在密切联系的直系亲属(例如,父母辈的兄弟姐妹以及后代等)。调查的内容则主要包括形态特征(身高、体重和体型特点等)、运动经历和能力、健康状况(身体健康水平和既往病史)、生活环境、被选运动员生长发育史等。

(三)体格检查

运动员体格检查将帮助确定被选运动员的健康情况,发现其是否存在身体缺陷,以及是否存在影响运动能力的先天性疾病等。运动员体格检查不完全等同于普通人的健康体检,其检查重点主要有以下几个方面。

(1)运动系统。骨、关节、肌肉的发育状况和功能直接关系到运动能力的形成和发展,尤其是体表特征、关节灵活性、姿势、步态和足底等检查至关重要。

(2)心血管系统。心血管系统的检查,主要包括心脏和血压两个方面。

(3)呼吸系统。检查的重点在于:反映呼吸系统功能的指标,如肺活量、时间肺活量、肺通气量等;此外,还需要排除肺部疾病,如肺结核、气胸等。

(4)肝功能(转氨酶、澳抗等)、血常规(血细胞计数、血色素等)、尿常规(尿糖、尿蛋白、尿素氮等)等方面的检查。

(四)鉴别发育程度和分型

在运动员选材过程中,对其发育程度的鉴别主要有以下几种类型。

(1)将发育年龄(骨龄)确定下来:采用拍摄骨龄片的方式进行。

(2)对发育程度进行评价:采用骨龄或第二性征出现的顺序确定。

(3)对青春期发育高潮持续时间加以鉴别,同时,将发育分型确定下来。

(五)选材指标的测试

确定选材指标体系是运动员科学选材的关键所在,一般来说,选材的成败会受到所选指标是否具有综合性、典型性和可行性的直接影响。

不同项群代表项目指标体系是各自具有显著特点的,比如,较为常见的有体能主导类项群选材指标体系、技能主导类项群选材指标体系等。

在完成上述步骤以后,对选材指标进行测试是运动员科学选材过程中非常重要的环节。通过对被选运动员各种选材指标的实地测试,是获取其竞技能力现实状态信息的有效手段。在实践中,选材指标的测试通常包括三个主要环节,即准备工作、组织测试和数据整理。

(六)综合评价和分析

对测试结果进行综合评价时,需要结合家族调查、体格检查和发育程度鉴别,以及选材指标测试结果进行,是选材工作实施的最后一个环节。要进行综合评价和分析,首先要对单项指标进行评价和分析。

1. 单项指标的评价和分析

首先要以受试者的年龄(骨龄)、性别及各指标、派生指标的测试值为主要依据,来对选材标准中相应的年龄段和评价标准范围值进行查阅,从而获得该指标应该达到的等级和分数。

此外,在进行单项指标评价时,通常被选运动员不可能每项指标都"好"或"差",被选者的"特殊优势",为发现具有特殊天赋的运动员提供依据。

2. 综合评价和分析

综合评价和分析的主要程序为:将各单项指标的得分相加,计算总分,并对照总分的等级标准,最后获得被选者综合评价等级,一般定为不及格、及格、良好和优秀4级。并以综合等级结果为主要依据,与被选运动员其他情况(如比赛成绩、教练员意见等)结合起来做出最终判断,决定其是否入选。

需要注意的是,在对测试结果进行综合评价和分析时,为了能够决定其是否具备成为优秀运动员的潜质,可以对被选者现实竞技状况做出判断,同时,也可以根据达到评分表中最高成绩的程度,对其竞技潜力和今后发展前途进行更好的判断。

第二节　高水平运动员训练计划的设计与组织

一、高水平运动员多年训练计划的设计与组织

(一)多年训练计划的准备性部分

在这一部分,首先要对运动员的基本情况加以分析,这样,不仅能够为具体多年训练计划的制订提供必需的信息和依据,使运动训练的安排既能被运动员接受,又足以促使运动竞技能力发生明显的变化,而且还能将运动员的特长确定下来,从而明确进一步专项发展的方向。

其次,还要将多年训练计划的训练目标确定下来。具体来说,就是要以项目特点、竞赛任务和对运动员现实状态、竞技潜力、未来所能提供的训练条件的分析等因素为主要依据。当然,也可以采用一些数理统计方法建立训练目标的预测公式进行预测。

(二)多年训练计划的指导性部分

1. 训练内容的安排

在多年运动训练计划中,运动员的训练水平在很大程度上决定着各阶段的一般身体训练、专项身体训练和技术训练的安排比

例。在制定计划时,各阶段的一般身体训练的比例应该逐渐减少,而专项身体训练和技术训练的比例随之提高(见表7-1)。

表7-1 运动训练计划各阶段训练内容比例

内容 比例 阶段	一般身体训练 /%	专项身体训练 /%	技术训练 /%
基础训练阶段	60	20	20
初级训练阶段	40	30	30
专项训练阶段	30	35	35
高级训练阶段	20	40	40

2. 训练指标的确定

多年运动训练计划的各阶段训练指标是以整个训练过程最终的运动成绩指标和竞技能力指标为依据的,并要与不同阶段的训练任务相结合而制定出来。各阶段训练指标应采用开始幅度较小的渐进式提高,到专项训练阶段时,训练指标提高加快,出现成绩的突变式上升,在高级训练阶段达到最高水平。

二、高水平运动员年度训练计划的设计与组织

(一)年度训练中的周期安排

在年度训练计划中,要对训练周期的任务和负荷进行科学合理的安排。

1. 准备期

准备期可分为两个阶段:一个是一般准备阶段,集中发展一般身体素质,提高内脏器官的功能,改进技术及提高心理素质、专项理论知识水平是这一阶段的主要任务;另一个是专门准备阶

段,进行专项训练,提高运动员承受专项身体训练负荷的能力,改进专项技术,是这一阶段的主要任务。

2. 比赛期

发展专项训练水平,完善专项技术,有利于比赛能力的提高,丰富比赛经验,形成并保持良好的竞技状态,促使在比赛中创造优异成绩,是比赛期的主要任务所在。

3. 过渡期

消除比赛所积累的身心疲劳,促进身体恢复,为新的训练周期做好准备,是过渡期的主要任务所在。

(二)年度训练计划的训练内容、手段和方法

一定要以训练任务、专项特点、个人具体情况为主要依据来选择训练内容、手段和方法。一般来说,训练内容根据专项需求来制定,所包含的内容主要有:技术训练、战术训练、身体训练、心理训练、理论学习等。重复法、循环法、间歇法、测验比赛法等是最常用的训练方法。

三、高水平运动员周训练计划的设计与组织

(一)周训练计划的训练内容与负荷安排

1. 基本训练周训练

要较多地采用发展一般身体素质和部分专项身体素质的训练手段,全面提高运动员竞技能力。在技术训练中,应该采用分解和完整技术练习相结合的方法,使运动员更好地掌握和改进运动技术。训练内容可以广泛多样,并合理交替保持系统的持续训练。

此时期的训练负荷会逐渐加大,以引起机体更深刻的变化,产生新的生物适应。

2. 赛前诱导周训练

这时期练习内容更加专项化,训练课的组织形式接近专项的比赛特点。同时,还需要强调的是,专项身体素质训练的比例会逐渐增加,而一般身体素质训练比例则会有所减少。

需要注意的是,赛前诱导周训练的训练强度要有所提高,训练量适当减少。

3. 比赛周训练

比赛周训练应把专项训练安排在赛前 3～5 天,而把恢复性训练和中低强度的一般性练习安排在赛前 1～3 天进行,使运动员通过艰苦训练所获得的竞技能力在比赛中得到充分的发挥。

比赛周训练负荷要围绕使机体在比赛日处于最佳状态来进行。负荷的组合方式依据专项特点和运动员赛前的状态而定。通常情况下,总的负荷水平不高。在比赛日之前,往往是降低或保持一定的训练强度,训练量也应减少或保持。

4. 恢复周训练

这一时期的训练内容往往是一般性身体练习,常采用带有游戏性的各种练习,从而使运动员生理和心理上的疲劳得以有效消除。

恢复周训练的训练强度会有所降低,训练量保持一定水平即可。

(二)周训练计划安排用表

周训练计划安排用表(见表 7-2)。

表7-2　周训练计划安排

时间：　年　月　日～　年　月　日			周次：	
训练阶段：		训练类型：		
主要任务：				
星期	任务	内容手段	负荷	恢复措施
周一				
周二				
周三				
周四				
周五				
小结：				

四、高水平运动员课训练计划的设计与组织

(一)训练课的负荷安排

1. 将负荷属性明确下来

不同的训练负荷其个体属性、专项属性、结构属性和机能属性都是存在着一定的差别的,在安排可训练计划的时候,要加以注意。

2. 将训练课负荷量确定下来

(1)要以训练手段为依据确定训练课负荷量

一般来说,在一次预定时间界限的训练课中,最大负荷量可以依据完成主要训练手段的最大训练量来确定。通常大负荷训练量的50%～80%为中等负荷,50%以下为小负荷。

(2)以训练课后恢复的状态为依据确定训练课负荷量

运动员机体在训练负荷刺激下产生疲劳,负荷越大、疲劳越

深,需要恢复的时间也就越长。所以,从训练课后恢复时间的长短可以将训练负荷的大小确定下来。恢复时间短,则表明负荷较小;恢复时间越长,则负荷越大。比较同一时间长度的训练课结束后,运动员机体疲劳后恢复时间的长短,就可以对训练课负荷的大小等级进行判断。

(二)课训练计划安排用表

课训练计划安排用表(见表7-3)。

表7-3　课训练计划安排

时间:			地点:	
课的任务:				
课的部分	时间	内容手段	组织形式	负荷要求
准备部分				
基本部分				
结束部分				
小结:				

第三节　高水平运动员综合能力训练与管理

一、高水平运动员体能训练与管理

(一)力量素质训练

1.发展最大力量的方法

(1)重复练习法:负荷强度为75%~90%。每项训练中完成的组数为6～8组,每组重复3～6次,组间间歇3分钟。

(2)阶梯式极限用力法:亦称金字塔力量训练法。

(3)静力练习法:通过大强度的静力性练习来发展最大力量。负荷强度为90%以上,每次持续时间为3～6秒钟,练习4次,每次间歇时间为3～4分钟。

2.发展快速力量的方法

(1)减负荷练习:是指减轻外界阻力(负重重量)或给以助力进行的练习。例如,投掷运动员常采用的投掷轻器械练习。

(2)先加后减负荷练习:先增加负荷的重量,使之超过比赛时需克服的阻力,当机体基本适应后,再减少负荷至正常水平,能够使运动员在标准阻力下完成动作的速度得到有效提高。

3.发展力量耐力的方法

主要有持续训练法、间歇训练法、循环训练法、重复训练法。

(二)速度素质训练

1. 反应速度的训练方法

(1)固定信号源单一信号的练习。例如,发令起跑20～30(米),6～10次。

(2)移动信号源单一信号的练习。例如,拳击选手在神经反射练习板前见到任何一个方位出现信号时,立即用手触摸。

(3)固定信号源选择信号的练习。例如,乒乓球多球训练中,教练员打过来转或不转的球,运动员做出瞬间反应,并打出适宜回球。

(4)移动信号源选择信号的练习。例如,从不同方位发出的不同信号,运动员迅速做出选择性回应。

2. 动作速度的训练方法

(1)大强度的分解技术练习。例如,乒乓球选手快速的徒手或持重物的挥臂练习。

(2)助力练习。例如,体操选手在教练员帮助下做快速的摆腿振浪练习等。

(3)减少负荷练习。例如,投掷运动员用轻器械投掷。

(4)预先加难练习。例如,跳高选手腿缚沙袋做摆腿练习,除去沙袋后接着再做若干次,从而使起跳瞬间摆动腿的速度得到有效提高。

3.移动速度训练的方法

(1)径赛运动员的快速小步跑、原地快速交换踏脚、原地高抬腿跑等练习。

(2)游泳运动员的快速打腿、快速划臂练习。

(3)自行车运动员的快速踏蹬练习。

(4)在外部有利条件下完成的高频率练习,如下坡跑、顺风跑、缩短步长的高频率跑,陆上划臂练习等。

(5)短距离折返跑练习。

(三)耐力素质训练

(1)长时间单一运动项目练习:如越野跑 20~120 分钟;自行车骑行 40~180 分钟;游泳 400~2 000 米;跳绳、踢毽 200~1 000 次;划船 1~2 小时;足、篮、羽毛球等练习 1~3 小时;滑冰、滑雪 30~120 分钟;登山、远足 1~4 小时等。

(2)多种变换的、组合的耐力练习:如在环形的野外道路(或跑道)上进行的"法特莱克"跑,又称"速度游戏"。练习时,走跑交替,快慢交替,各分段长短不一,要求各异;再如循环练习,通常将 6~10 个不同练习编成组,每个练习发展特定肌群的力量和力量耐力。各练习做最大完成量的 1/5~1/2。所有练习不间断地连续进行为一组。做 3~10 组,组间根据不同要求安排 1~10 分钟不同时间的间歇。

(3)在各种练习器上完成的耐力练习:如踏蹬功率自行车 5~

10 分钟;在跑台上走、跑 10～30 分钟;在划船练习器上完成划桨练习 10～30 分钟。

二、高水平运动员心智训练与管理

(一)运动员的心理训练

所谓的心理训练,实际上就是在运动训练或比赛的过程中,教练员与相关人员有意识、有目的、有系统地对运动员的心理活动共同施加积极影响的过程。心理训练的顺利进行和理想训练效果的取得,都与科学的训练方法有着不可分割的密切联系,具体来说,常用的心理训练的方法主要有以下几种,要有针对性地加以选用。

1.心理的意念训练法

运动员有意识地、积极地利用头脑中已经形成的运动表象或充分利用想象进行训练的方法,就是所谓的意念训练法。意念训练具有非常显著的作用,这在技术训练、战术训练上的作用尤其显著。实践中,意念训练法对于形成良好的"水感""球感""位感""力感"等感知能力具有十分重要的作用。

2.心理的诱导训练法

在训练中采用有效刺激物把运动员的心理状态引导到某一个事物或方向上去的训练方法,就是所谓的诱导训练法。通过采用这一训练方法,能够为顺利完成训练与比赛任务建立良好的心理状态。优秀的教练员或相关专家等团队成员,常常善于通过示范与图片、录像与讲解、眼神与面部表情、说服与疏导、谈心与交心、鼓励与批评和启发与评价等手段,来达到心理诱导训练的目的。

3. 心理的模拟训练法

模拟未来比赛环境可能出现的情况针对性地进行心理训练的一种方法，就是所谓的模拟训练法。通过这一训练方法的适用，能够使训练与比赛的实际尽可能接近，使运动员在近似比赛条件下，锻炼和提高对未来比赛的心理承受能力以及情绪控制能力。一般来说，可以将模拟训练的形式大致分为两种，一种是实景模拟训练，另一种是想象模拟训练。

4. 心理的行为训练法

运动心理训练是在身体运动训练的基础上进行的。一般来说，身体的运动训练包含的内容主要有：机能训练、素质训练、技术训练和战术训练。脱离身体的运动训练，运动的心理无从谈起；脱离身体的心理训练，身体的运动训练毫无意义。因此，优秀的教练员特别注意采用"从难从严从实战出发"的训练原则，对运动员意志品质进行系统的训练。

(二)运动员的智能训练

运动智能训练也是高水平运动员训练的重要方面，具体来说，取得理想的运动智能训练效果，与心理训练一样，也需要采用科学的训练方法，具体如下。

1. 语言表达法

智能思维训练最基本的方法，就是语言表达法。通过语言的正确使用，能够有效地将知识传授给运动员，除此之外，还能够有效地发展运动员的积极思维能力，使其对训练内容的理解程度进一步加深，培养其分析问题和解决问题的能力。需要强调的是，默念与自我暗示也是思维训练的作业方式。

2. 正误对比法

通过讲解、示范或图片分析、录像分析方式，将错误与正确的技术、战术进行对照、比较、分析的方法，就是所谓的正误对比法。通过这一方法进行智能训练，能够使运动员逻辑思维的鉴别力、判断力得到有效的提高，对正确动作的认识进一步加深，同时，还能使错误动作的发生得到有效的预防。

3. 表象排练法

将自己感知的技术、战术，通过表象重现和想象，使第一、第二信号系统高度紧密结合的方法，就是所谓的表象排练法。这一方法的运用对于形象思维与抽象思维能力并举相长都是有利的。需要强调的是，表象排练法有很多种具体做法，其中，效果显著的当推对比表象、听讲表象和偶像表象方法。

4. 引进植移法

将其他专项的先进理论、技术动作、战术打法，通过自己的头脑分析、加工、改造，设计出适合本专项特点的理论、技术与战术，这就是所谓的引进植移法。在运动员的思维创造力的提高方面使用这一训练方法，往往能取得理想的效果。通常情况下，可以将引进植移法的形式归纳为三种，即动作植移、战术植移和理论植移。

5. 求异创新法

求异创新法也是运动训练中提高运动员思维能力的重要方法，这一方法往往用于运动员思维创造性的培养方面，并且往往能够取得理想的成效。其中，对思维训练价值较高的方式有三种，即对比求异、组合求异和改造求异。

6. 生疑提问法

通过生疑提问法的运用，能够对运动员具有积极探究态度和积极的思维能力加以培养。在实践中，采用此法的技巧主要有两个方面：一个是寻求原因；另一个是寻求规律。可以说，有计划、有逻辑地进行生疑提问是运用此法的关键。

三、高水平运动员技战术训练与管理

(一)运动员的技术训练

选择技术训练方法时,为了保证理想的训练效果,需要对其目的性和针对性、多层面的综合性等都进行充分的考量。一般来说,常用的技术训练方法主要有以下几种。

1. 直观法与语言法

在技术训练中,借助运动员的各种感觉器官,使运动员建立起对练习的表象,获得感性认识,帮助运动员正确思维、掌握和提高运动技术水平的训练方法,就是所谓的直观法。

在技术训练中,运用各种形式的语言,指导运动员学习和掌握技术动作的训练方法,就是所谓的语言法。通过这一训练方法,能够为运动员借助语汇明确技术动作概念,纠正错误动作,提高技术水平提供一定的帮助。

2. 完整法与分解法

运动员从技术动作的开始姿势到结束姿势,完整地进行练习,从而掌握技术的训练方法,就是所谓的完整法。这一训练方法对于学习简单的技术动作或不能分解的较复杂的技术动作是较为适用的。

把完整技术动作按其基本环节,分成若干个相对独立的部分,使运动员分别进行练习的训练方法,就是所谓的分解法。这一训练方法对于较复杂的技术及技能主导类表现难美性项群的成套技术动作练习,以及在改进动作、提高动作质量时都是非常适用的。

3. 想象法与表象法

（1）想象法

在练习前，通过对技术要领的想象，在大脑皮层中留下技术"痕迹"，然后在练习中激活这些痕迹，使技术动作完成得更为顺畅和正确的一种训练方法，就是所谓的想象法。这一训练方法往往被优秀运动员广泛使用。

（2）表象法

运动员在头脑中对过去完成的正确技术动作的回忆与再现，唤起临场感觉的训练方法，就是所谓的表象法，其往往也被称为念动法。通过多次动作表象，能够对运动员技术的掌握起到积极的促进作用。具体来说，不仅能够使运动员的表象再现及表象记忆能力得到有效提高，而且还能使运动员的注意力集中于正确的技术要求，对于提高心理稳定性也是较为有利的。

（二）运动员的战术训练

战术训练也需要采用科学合理的方法。具体来说，要以专项比赛的要求为主要依据，同时，还要有利于运动员的身体和技术特长发挥，并且能够将运动员的主动性和积极性充分调动起来。通常来说，常用的战术训练方法主要有以下几种。

1. 分解与完成训练法

把一个完整的战术组合过程划分为若干个相对独立的部分，然后分部分进行练习的方法，就是所谓的分解战术训练法。这种训练法对于学习一种新的战术配合形式时较为适用。通过这一训练方法，能够达到让运动员掌握某种战术配合的基本步骤的目的。

完整地进行战术组合练习的方法，就是所谓的完整战术训练法。这种方法对于运动员已具备一定的战术知识和战术能力后是较为适用的，通过这一训练方法的使用，可以达到使运动员能够流畅地完成整个战术组合过程的目的。

2．减难与加难训练法

以低于比赛难度的要求进行训练的方法，就是所谓的减难训练法。这种方法在战术训练的初始阶段是较为适用的。

以高于比赛难度的要求进行训练的方法，就是所谓的加难训练法。通过这一方法的采用，能够达到有效提高运动员在复杂困难的情况下运用战术的能力的目的。

3．虚拟现实训练法

运用高科技设备，将未来可能出现的比赛场景提前在电脑屏幕上虚拟出来，从而帮助运动员提高预见能力及在各种情况下灵活有效地运用战术的能力的训练方法，就是所谓的虚拟现实训练法。当前，这种方法已经普遍运用于德国、英国等足球队中。相信在不久的将来，这一训练方法能够得到更加广泛的普及。

4．想象训练法

作为一种重要的心理学训练方法，想象训练法是在运动员大脑内部语言和套语的指导下进行战术表象回忆，能够为运动员在大脑中建立丰富而准确的战术运动表象提供一定的帮助。

5．程序训练法

程序训练法是近年来从教学领域引进的一种训练法。在运用程序训练法进行制胜训练时，不仅要注意严格遵循由易到难、由简到繁、从固定到变异的一般性程序，同时，还要对编制不同项群战术训练的特殊程序加以注意。

6．模拟训练法

在获得准确情报信息的基础上，通过与模仿重大比赛中主要对手特征的陪练人员的对练，及通过在与比赛条件相似的环境中的练习,使运动员获得特殊战术能力的一种针对性极强的训练方法,就是所谓的模拟训练法。

7.实战法

在比赛中培养战术能力的方法,就是所谓的实战法。通过这种方法的使用,能够使运动员对战术的理解更为娴熟、更为深刻。在参加重大比赛前,往往安排一些邀请赛或热身赛等,这样,能够演练将在重大比赛中使用的战术,从而对其有效性加以检验。

第四节　高水平运动员医务监督与伤病管理

一、高水平运动员的医务监督

(一)自我监督

自我监督是指参加者(包括运动员)采取简单易行的医学检查方法,对自己的健康状况和身体反应进行观察。自我监督是医学观察的重要内容之一,也是掌握运动量、科学地安排体育运动的重要依据,对预防伤病、提高运动成绩有重要意义,自我监督的内容包括两个方面:一方面是主观感受,主要包括运动心情、主观感受、睡眠、食欲、排汗量;另一方面是客观检查,主要包括脉搏、体重、运动成绩这几个方面的因素。

(二)体格检查

对于参加系统训练的高水平运动员来说,应定期进行比较全面的体格检查,从而对身体发育水平、健康状况和身体功能的变化,以及锻炼方法是否正确、运动量是否合适等都有所了解。

1.体格检查的要求

一般来说,体格检查分为初检、复查和补充检查三个方面,每一个方面都有各自的具体要求。比如,为了便于将医学生理指标检查结果与技术测验结果做对比,复查体格的时间应与身体素质和专项成绩测验安排在同一时期。

2.体格检查的主要内容

体格检查的内容会由于检查时间不同而有一定的差别,但不管怎样,初检的内容是不变的。具体来说,主要包括三个方面:一个是既往史,也就是记载病例和运动史;一个是医学检查,其主要包括一般检查、直立姿势检查和形态测量;还有一个是功能检查,心肺功能检查是重点,要加以注意。

二、高水平运动员的伤病管理

(一)常见运动性损伤的防治

1. 闭合性软组织损伤

(1)闭合性软组织损伤的原因与机制

闭合性软组织损伤常见钝性暴力所致、受伤部位局部皮肤保持完整而无开放性伤口,如拉伤、扭伤、外力碰撞伤等。

(2)闭合性软组织损伤的症状

局部疼痛、肿胀、皮肤青紫、皮下淤血或血肿;患肢或患部功能活动受限。

(3)闭合性软组织损伤的预防与处理

预防:加强保护与自我保护,穿戴好保护装置,禁止粗野动作。

处理:较轻的挫伤一般不需特殊处理,若挫伤较重,早期可做局部冷敷,局部亦可用弹力绷带加压包扎,抬高伤肢,24 小时(重者 48 小时)后改为热敷、理疗、按摩、中药烫洗或红外线照射等,同时口服消炎止痛药。

2. 肌肉拉伤

(1)肌肉拉伤的原因和机制

体育训练中做各种动作时,肌肉主动猛烈地收缩,超过了肌肉本身的负荷,造成过度拉长,从而发生肌肉拉伤。

(2)肌肉拉伤的症状

主要表现为局部疼痛、压痛、肿胀;肌肉紧张、发硬、痉挛;功能障碍。

(3)肌肉拉伤的预防与处理

预防:加强屈肌和易伤肌肉的力量和柔韧性练习;做好准备活动,纠正错误动作。

处理:冷敷、加压包扎;48 小时后按摩、理疗。

3. 网球肘

(1)网球肘的原因与机制

腕关节反复用力伸屈,前臂反复旋前、旋后,使肌腱纤维受到反复牵扯而发生劳损。

(2)网球肘的症状

无明确受伤史而逐渐发生肘外侧疼痛;用力伸腕与前臂用力旋前、旋后时出现局部疼痛;患侧手的力量减弱,持物不牢,提重物、拧毛巾时肘外侧疼痛尤为显著。

(3)网球肘的预防与处理

预防:加强腕部力量训练,防止前臂肌肉疲劳积累,做好准备活动,提高肌肉的反应,正确掌握技术动作。

处理:按摩、理疗、针灸;泼尼松龙痛点注射,外敷中药;保守治疗无效时应手术治疗。

4．半月板损伤

（1）半月板损伤的原因和机制

由于摔倒、动作落地不稳或暴力，膝关节在屈曲位突然拧转挤压造成，膝关节猛力过伸如足球正脚背踢球时"漏脚"也可引起。

（2）半月板损伤的症状

走路时，特别是上下楼梯时，膝关节发软；行走时，突然出现"绞锁"现象，即膝关节被卡住不能伸屈。

（3）半月板损伤的预防与处理

预防：加强膝部肌肉力量训练；加强膝关节灵活性和协调性训练；做好准备活动。

处理：症状轻微时理疗、按摩、泼尼松龙局部注射，并改变错误的技术动作；症状明显时，应尽早手术治疗。

5．猝死

（1）猝死的原因和机制

心脏病是导致猝死的主要原因，其中又以冠心病最常见。

（2）猝死的症状

多数人猝死前无明显征兆，或在正常活动中，或在安静睡眠中，既往有过心绞痛发作史的患者，如果心绞痛突然加剧，表现为面色灰白、大汗淋漓、血压下降，特别是出现频繁的室性期前收缩，常为猝死先兆。有的出现原来没有的症状，如显著的疲乏感、呼吸困难、精神状态突变，随后，由于心脏停搏、神志不清、高度发绀，患者可很快进入不可逆的生物学死亡。

（3）运动猝死的预防

合理地参加运动，只要做到定期检查身体，注意科学锻炼，增强自我保护意识，加强现场医务监督与急救，就可以避免。

（4）猝死的抢救

一旦发生猝死，呼吸心跳停止，使血液循环中断、全身缺氧造成体内重要器官的损害。这时候,往往采用心脏按压术和口对口人工呼吸的方法加以抢救。

(二)常见运动性疾病的防治

1. 肌肉痉挛

(1)肌肉痉挛的原因和机制

长时间或者大强度的运动;肌肉中大量的乳酸与代谢废物堆积,肌肉收缩与放松不能协调地交替进行;在高温条件下长时间进行剧烈的运动;身体的肌肉受到寒冷刺激;肌肉突然受到外力的猛烈打击等。

(2)肌肉痉挛的症状

发病急,局部发生不自主的肌肉强直收缩,而且一时不容易缓解,痉挛肌肉部位伸屈功能有一定的障碍。

(3)肌肉痉挛的预防与处理

预防:不断提高自身机体的耐寒能力与耐久力;做好充分的准备活动;冬季进行户外运动时应该注意保暖,夏季进行剧烈运动时要注意补充盐分、水及维生素等;在身体疲劳或者饥饿的状态下,应该避免进行剧烈的运动。

处理:一般在身体出现肌肉痉挛时,运动员只要向相反的方向牵引痉挛的肌肉,就能够得到有效的缓解或者使痉挛消失。

2. 运动中腹痛

(1)运动中腹痛的原因和机制

准备活动不充分;胃肠痉挛;夏季进行比较剧烈的运动;呼吸节律紊乱。

(2)运动中腹痛的症状

由肠痉挛、肠结核引起的腹腔中部处疼痛;食后运动疼痛发生在上腹部或者中部;肝脾膜张力性疼痛,通常是在左右两侧上腹部。

（3）运动中腹痛的预防与处理

预防：运动前的准备活动要充分；加强身体的全面训练，不断提高生理机能的水平；训练过程中应该遵循科学的训练原则，要循序渐进地增加运动量；膳食安排应该科学合理。

处理：如果运动员在运动过程中出现腹痛，可以采取适当减慢速度、按压腹部疼痛部位、调整呼吸等措施。严重者要到医院进行身体检查，防止有腹部外科急症误诊而延误病情。

3. 休克

（1）休克的原因和机制

运动员运动量过大、身体生理状态不良、肝脾破裂大出血、骨折和关节脱位的剧烈疼痛等都有可能引发运动性休克。

（2）休克的症状

早期症状：烦躁不安、呻吟、表情紧张、脉搏稍快、呼吸表浅而急促等。

发作期症状：精神萎靡不振、面色苍白、口渴、畏寒、头晕、出冷汗、四肢发冷、脉速无力，血压与体温下降。情况严重时，还会出现昏迷的症状。

（3）休克的预防与处理

预防：根据运动员个体的身体状况合理安排训练的时间、负荷以及项目等；在运动训练之前应该做好防护、医务检查以及热身等工作。

处理：首先应该让患者安静平卧，对伴有心率衰竭的患者要保持安静，同时注意保暖。可给患者服热开水及饮料，针刺或者点人中、足三里、合谷等穴。由骨折等外伤的剧痛而引发的休克，应该用镇痛剂进行止痛，进行急救的同时要紧急送往医院进行治疗。

第五节　高水平运动员运动营养安全管理

高水平运动员在运动训练的过程中需要进行一定的营养补充,这样才能维持机体参与运动的需要,保证训练活动的顺利进行。

一、运动员机体所需的营养素

(一)糖类

一般来说,糖类主要包括葡萄糖、麦芽糖、乳糖、蔗糖、淀粉和纤维素等。糖类是供应人体能量、维持体温的重要物质,约占每日所需总能的70%左右。

糖类是人体所需的非常重要的营养素,它具有非常重要的营养价值和生理价值。

(1)糖类可以提供人体每日摄取的总热量的50%~55%,即主要来自人们的主食。糖类是机体的主要热量来源。它可以避免蛋白质的分解,供给脂肪新陈代谢中所需要的热量,给中枢神经系统提供所需的热量。如果糖类摄入不足,就会导致水分的流失和新陈代谢的减慢。

(2)糖类可以节省人体内蛋白质的消耗,并对肝脏起到较好的保护作用,促进人体消化。

(3)糖类对减肥和形体的保持也具有非常重要的作用,这是因为糖类能够促进人体脂肪的新陈代谢,这对于操类项目运动员而言具有重要的作用和意义。

(4)抗生酮作用。当碳水化合物供应不足时,脂肪酸分解所产生的酮体不能彻底氧化,而在体内聚积发生酸中毒。

(5)促进肠蠕动。糖类中的纤维素不能够被肠胃消化吸收,所以不具有营养价值,但其有着较大的生理价值,主要表现在它能够刺激肠道的蠕动、排空,避免因食物长时间在肠道中停留而腐败产生毒素,降低结肠癌、结肠炎的病发率,降低血清胆固醇,防止形成胆结石和动脉粥样硬化。

相关研究与实验发现,人体每日摄入糖类的量为每千克体重8~10克。糖类主要来源于从植物性食物中的谷类、根茎类和各种食糖,蔬菜和水果中获得,主要是从面粉、大米和马铃薯等食物中获得。

(二)脂肪

脂肪也是人体重要的营养素,减肥主要是减脂肪,但不能抑制机体对脂肪的必要摄取。脂肪也具有重要的生理价值和营养价值,这主要表现在以下几个方面。

(1)构成生理物质。脂肪类营养素是组成每个细胞的细胞膜的不可缺少的成分之一,它还是脑、外周神经组织、肝、卵等组织细胞具有重要作用。细胞存在着新陈代谢,新旧细胞的更替需要脂肪提供原料。

(2)提供能量。脂肪是产能最高的一种热源质,1克脂肪在体内氧化燃烧可产生37.65千卡热量,比1克蛋白质或1克碳水化合物高一倍多。脂肪也是储存能量的"燃料库",有储存热能的作用。其占空间小,可大量储存在腹腔空隙、皮下等处。人在饥饿时首先动用体脂来避免体内蛋白质的消耗。

(3)调节人体新陈代谢和生长发育的肾上腺皮质激素和性激素,这些激素的主要成分便是脂肪类物质。另外,维生素A、维生素D等一些重要的脂溶性维生素都以脂肪作为其存在的必要条件并且脂肪还可以促进脂溶性维生素A、D、E、K的吸收。

(4)保护脏器。脂肪作为填充衬垫、支持和保护固定体内各种脏器和关节,避免机械摩擦和移位,使手掌、足底、臀部等更好地承受压力。

(5)维持体温。脂肪是热的不良导体,皮下脂肪可防止体温过多向外散失,也可阻止外界热能传导到体内,有维持正常体温的作用。可以阻止身体表面的散热。

(6)磷脂、糖脂和胆固醇构成细胞膜的类脂层,胆固醇又是合成胆汁酸、维生素 D 和类固醇激素的原料。

(7)促进脂溶性维生素的吸收。鱼肝油和奶油富含维生素 A、D,许多植物油富含维生素 E。脂肪能促进这些脂溶性维生素的吸收。

(8)增加饱腹感。和其他营养物质相比,脂肪在胃肠道内停留的时间长,有增加饱腹感的作用。

(三)蛋白质

运动员参加运动训练,蛋白质也是其运动所需的重要营养素。蛋白质的基本组成单位是氨基酸,组成蛋白质的氨基酸约有 20 种,它们以不同的种类、数量和排列顺序构成种类繁多、功能各异的蛋白质。组成人体和食物蛋白质的氨基酸约有 20 种,其中有 9 种是人体不能合成或合成的速度不能满足需要,必须由食物供给的,称为必需氨基酸。其他十几种称为非必需氨基酸,非必需氨基酸并非人体不需要,只是它们可在体内合成,不一定要从食物中摄取。

蛋白质是构成人体生命物质的重要基础,具有重要的生理价值。

(1)蛋白质是构成人体的重要物质基础。在人体的肌肉组织和心、肝、肾等器官,乃至骨骼、牙齿都含有大量蛋白质,细胞内除水分外,蛋白质约占细胞内物质的 80%。它的功能主要是合成和修补细胞,如肌肉、血液、身体器官、激素、酶、抗体、皮肤、保持水分的平衡、酸碱度。人体不断地生长,细胞数量增多,细胞也在进行着新陈代谢,新旧细胞持续更替,这都需要蛋白质的及时供应和补充。肝脏是人体内蛋白质代谢比较旺盛的组织,红血球更新的速度也较快,头发、皮肤的生长也与蛋白质有关;生命只要存在,细胞就在不断代谢,蛋白质就需要持续供应。如供应不足,人体发育便会受到一定的影响,在这样的情况下,运动训练就无从谈起。

(2)调节生理功能。酶蛋白能有效促进食物的消化和吸收、免疫蛋白维持机体免疫功能、血红蛋白携带及运送氧气、甲状腺素是氨基酸的衍生物、胰岛素是多肽,它们都是机体重要的调节物质。

(3)维持体液平衡和酸碱平衡。血液中的蛋白质帮助维持体内的液体平衡。若血液蛋白质含量下降,过量的液体到血管外,积聚在细胞间隙,造成水肿。血浆蛋白能借助于接受或给出氢离子,使血液 ph 值维持在一个恒定范围。

(4)供给能量。蛋白质在运动机体内降解成氨基酸后,可进一步氧化分解产生能量。

(四)维生素

一般来说,人体对维生素的需求量非常小,但也是必需营养素,没有维生素,人体就会出现各种各样的病症。一般情况下,人体所需的各种维生素在结构上没有共性,通常情况下,以溶解性质为主要依据可以将维生素分为包括维生素 B_1、维生素 B_2、维生素 B_6、维生素 B_{12}、维生素 C、维生素 PP(烟酸)、叶酸和烟酰胺等在内的水溶性维生素和包含维生素 A、维生素 D、维生素 E、维生素 K 等在内的脂溶性维生素两大类。

维生素是代谢调节、维持生理功能所不可缺少的营养素,维生素具有调节和维持机体的正常代谢、促进生长发育的作用。人体内所进行的各种生化反应都是在酶的催化作用下进行的,而许多维生素是酶的辅酶或者是辅酶的组成分子。此外,维生素对机体的能量代谢及其调节过程有着重要的作用。在人体中,大多数维生素都会参与辅酶的组成,因此,如果缺乏维生素就会在一定程度上引起人体代谢失调,不利于运动训练的进行。

人体中各类维生素功能与食物来源具体见表 7-4。

表7-4 维生素的种类与功能

维生素名称		生物学功能	主要来源
脂溶性维生素	维生素A	为视紫质的成分,是硫酸转移酶的辅酶	鱼肝油、肝脏、奶油、绿色叶菜、水果等
	维生素D	诱导钙载体蛋白质的生物合成,调节钙磷代谢,促进钙、磷吸收,调节免疫仅能	肝脏、奶油、蛋黄、动物瘦肉、坚果类等
	维生素E	抗氧化、维持细胞膜完整、保持正常免疫功能	谷类胚芽、植物油、水产品
	维生素K	促进凝血酶原的合成	苜蓿、菠菜等
水溶性维生素	维生素B_1	构成α-酮酸氧化脱羧酶系的辅酶,维持神经传导	谷皮、麦麸、瘦肉等
	维生素B_2	以FAD和FMN两种辅酶形成参与多种酶的构成,参与机体抗氧化系统,并参与能源物质代谢	蛋黄、黄豆、肝脏、酵母、黄色蔬菜等
	维生素B_5	构成NAD、NADP的成分,参与能量代谢	豆类、酵母、肝脏、瘦肉等
	维生素B_6	是转氨酶的辅酶,参与糖代谢,并是许多神经介质合成和代谢的必须物质,参与一碳单位代谢	米糠、麦皮、酵母、肝脏、瘦肉、海产品等
	维生素B_{12}	以甲基B_{12}和辅酶B_{12}参与机体生化反应,与骨髓造血机能有关	蛋类、乳制品、豆制品、肉类、家禽、水产品等
	叶酸(B_{11})	位一碳基团转移酶的辅酶,提供甲基,参与造血	酵母、肝脏、叶菜等
	泛酸(B_3)	组成COA的成分	酵母、肝脏、蔬菜等
	维生物(B_7)	与脂肪合成、二氧化碳固定有关	肝脏、酵母等
	维生素C	作为羟化过程底物和酶的辅助因子,抗氧化,促进铁吸收,提供机体免疫力	新鲜水果、新鲜叶菜、柿子椒等
	维生素P	维持毛细血管正常渗透功能	橘皮、槐花、柠檬等

(五)矿物质

矿物质,又称"无机盐",原指地壳中天然存在的化合物或天然元素,人体内约有 50 多种矿物质。矿物质是人体重要组成部分,有些元素是身体保持适当生理功能所必需的,能够维持生理系统,强化骨骼结构和肌肉、神经系统,辅助酶、激素、维生素和其他元素发挥作用,需要不断地从食物中摄取。矿物质有常量元素和微量元素之分,以它们在膳食中的需要量为标准。其中含量较多的有钙、镁、钾、钠、磷、硫、氯七种元素,每日需要量在十分之几克到 1 克或几克,称为"常量元素";其他元素如铁、铜、碘、锌、锰和硒,由于含量极少,每日需要量从百万分之几克(以微克计)到千分之几克(以毫克计),又称"微量元素"。一般来说,人体中所需的重要矿物质主要有以下几种。

1.钙

一般来说,钙的价值主要有:一是骨骼和牙齿生长发育所必需,人体中有 99% 的钙集中在骨髓和牙齿中,若缺钙,就会影响骨的生长或难于维持正常状态。此外,钙也参加血液凝固过程,若缺钙,血液凝固将会受到影响;二是为维护正常的组织兴奋性,特别是神经肌肉的兴奋性所必需,促进生物酶的活动。如血钙减少时能引起痉挛。此外,钙还具有重要的生理调节作用。人体内含钙总量约为 1 200 克,男女需要量均为 1 000 毫克/日。补钙的食物主要有虾皮、鸡蛋、鸭蛋、绿叶菜、奶和奶制品等,要注意在日常膳食中摄取。

2.铁

铁是组成人体血红蛋白的主要成分之一。如果机体缺铁可使血红蛋白减少,发生缺铁性贫血,表现为食欲减退、烦躁、乏力、免疫功能降低等症状。大量出汗可增加铁的丢失,所以运动员参加剧烈运动要十分注意铁的补充。

3.锌

锌是很多金属酶的组成成分或酶的激活剂,人体内含锌约 1. 4～2.3 克,每日需要量男性为 8～15 毫克,女性为 6～12 毫克。锌缺乏表现症状有食欲不振、生长停滞、性幼稚型、伤口愈合不良等。一般来说,高蛋白食物,如鱼、肉、蛋等含锌都较高,在平时的膳食中要注意锌的补充。

4.硒

人体所有的组织器官中均可发现硒,其中肝脏和肾脏中浓度最高,肌肉的硒总量最多,几乎占人体的一半。人体内硒的总量与地理环境因素关系很大。硒是维持人体正常生理活动的重要微量元素,主要作用是抗氧化,以保护细胞膜。

5.碘

碘在体内主要被用于合成甲状腺激素,人体从食物中所摄取的碘,主要为甲状腺所利用。人体正常含碘量约为 20～50 毫克,每日需要量男性为 130～160 微克,女性为 110～120 微克。人体中含碘量过高或过低都能导致甲状腺肿。运动员在运动训练的过程中应在膳食中注意摄取,如海带、紫菜、海鱼、虾中就含有大量的碘。

6.磷

磷也是构成骨与牙齿的主要成分,并参与物质和能量代谢过程,能与脂肪合成磷脂,参与维护血液的酸碱平衡。此外,磷还具有帮助机体吸收其他的营养素的功能。人体所需的磷非常少,但如果缺乏也会引起一定的问题,需要注意进行一定的补充。

(六)水

水是人体重要组成部分和不可缺少的营养物质。人体新陈代谢的一切生物化学反应都必须在水的介质中进行,食物的消化、吸收、运输、生物氧化,以及代谢产物的排泄过程,都需要水参与才能正常进行。当失水占体重的1%时,就会降低2%的运动速度,而当人体失水达到10%时,生命就会受到严重的威胁。

水在人体内的作用如下所述。

(1)代谢介质:水是体内各种生理活动和生化反应必不可少的介质,参与机体内代谢过程,没有水一切代谢活动便无法进行,生命也就停止了。

(2)代谢载体:水有很强的溶解能力,它是人体内吸收、运输营养物质,排泄代谢废物的最重要的载体,许多物质可以溶解在水中通过循环系统转运。

(3)润滑功能:人体含有大量的水,泪液、唾液、关节液、胸腔腹腔的浆液起着润滑组织间经常发生的摩擦的作用。

(4)维持体温:水的汽化热很大,一般情况下,1克水汽化要吸收580卡热量。汗液的蒸发可散发大量热量,从而保持体温恒定,避免体温过高。

运动员无论是在平时的生活中还是运动训练中,保持人体内水的平衡是非常重要的。对于人体来讲,饮水是每日水分摄入的主要途径,正常成人每日水摄入量不得少于2 500毫升。几乎所有食物中都含有水分,而一般食物提供的水分大致为900毫升。因此,除了靠食物来补水外,运动员还要通过饮水的方式来获取。

二、高水平运动员营养素的消耗

(一)水

运动员经过长时间的运动训练后,人体体温会逐渐升高,随着机体大量排汗散热,水、盐和维生素丢失较多,从而导致身体散热能力降低,工作能力下降。而过多的失水则会对人体产生不利的影响(表7-5)。

表 7-5　失水对身体机能的影响

失水程度(占体重%)	对身体机能影响
2%	强烈口渴、不适感,食欲下降,尿少
4%	不适感加重,运动能力下降20%～30%
6%	全身乏力,无尿
8%	烦躁、体温升高、心率加快、血压下降循环衰竭甚至死亡

运动性脱水是指人们由于运动而引起体内水分和电解质丢失过多。运动性脱水的常见原因是由于运动员在高温高湿情况下训练比赛大量出汗而未及时补充所造成。也可见于某些运动项目如举重、摔跤等运动员为参加低体重级别的比赛而采取快速减体重措施,造成机体严重脱水。运动员在低温环境下运动,比如登山运动,虽无大量汗液丢失,但因寒冷导致交感—肾上腺系统兴奋,尿液增多,从呼吸道呼出的水分和从皮肤蒸发的非显性出汗也较多,也有可能造成机体的脱水,如果不及时补水就可能发生意外情况。

从生理学角度来讲,体液有助于能量物质的合成和分解,运送养料、氧气并运走废物,维持正常的体温调节。所以,维持正常的水平衡和电解质平衡十分重要。如果机体发生脱水现象,就会造成一定程度的生理性紊乱,不利于运动训练的顺利进行,也就无法保证理想的运动成绩。

(二)糖类

对于运动员参加运动训练而言,糖类的作用非常重要。这是因为糖类能为人体运动提供必要的能量。运动中最直接和最快速的能量是三磷酸腺苷(ATP),但体内 ATP 的储存量很少,仅能维持几秒钟,ATP 需要不断合成。糖是剧烈运动中 ATP 再合成的主要基质,以糖原的形式分别储存于肌肉和肝脏。在无氧和有氧的情况下均能分解为 ATP 供给机体使用。糖在有氧氧化时耗氧量少,不增加体液的酸度,是机体基本的首选的供能物质。糖无氧酵解可生成 2 分子 ATP,反应终产物为乳酸,测定血乳酸,可反映运动员运动强度、训练水平、疲劳程度等情况。

　　总的来说,运动中糖的供给量与消耗量应按工作性质和劳动强度而定。一般情况下,劳动强度越大,时间越长,糖的需要量就越多。通常来说,糖占每日总热量供给量的 60％～70％,通常成人每日每千克的体重约需 4～6 克,运动员则需 8～12 克。需要注意的是,不同运动员和处于不同时期的运动员,即训练期间、比赛期间和恢复期间对糖类物质的需求是不一样的,不能一概而论。在实际的运动训练过程中,个体对摄入糖类的反应差异很大。可以让运动者通过饮用不同类型的、不同浓度的饮料来补糖,从而维持机体参与运动的需要。

(三)脂肪

　　脂肪也是人体重要的能源之一。运动训练可增加机体对脂肪的氧化利用能力,脂肪供能的增加可节约体内的糖原和蛋白质。

　　大量的研究与运动实践表明,人体脂肪的动员、供能和运动强度密切相关。当运动强度为 25％最大摄氧量时,脂肪组织动员利用的脂肪供能量多,随着运动强度增大,呈减少趋势。而骨骼肌脂肪在 25％最大摄氧量强度时利用减少,当强度达到 65％最大摄氧量时,动员利用最多,在 85％最大摄氧量强度时出现减少。

(四)蛋白质

　　大量的理论与运动实践充分表明,个体的运动能力与蛋白质之间的关系非常密切。蛋白质可为运动时肌肉耗能提供 5％～15％的能量。长时间运动会耗尽身体内的糖类储备,这个时候会分解体内的蛋白质作为能量食物来源。运动可使机体内蛋白质代谢发生变化。而不同性质运动的作用又有所差异。例如,在各种球类运动中,耐力性运动使蛋白质分解加强,合成速度减慢,机体尿氮和汗氮排除量增加。而力量性运动使蛋白质分解加强的同时,活动肌群蛋白质的合成也增加,并大于分解的速度,因而肌肉壮大。

在大量的运动实践中,人体对蛋白质的需要量主要取决于人体蛋白质的消耗量,而消耗量又受到一种或多种因素的影响。同时要关注蛋白质的营养价值。蛋白质的营养价值主要以人体摄入后生物利用率的高低为基本依据(图 7-1)。

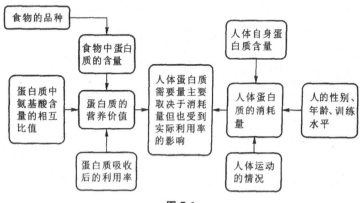

图 7-1

运动员在参与运动训练的过程中,需要蛋白质的参与,因此补充蛋白质是必需的,但是补充也不是越多越好。脂肪和碳水化合物在体内代谢过程中,可以完全分解,以水和二氧化碳的形式排出体外。而蛋白质在体内不能完全分解,氨基酸转化,产生的代谢产物主要经肾脏排出。因此,摄入过多的蛋白质和氨基酸,会增加肝肾的代谢负担,不利于运动员运动训练的进行,甚至还会对人体健康构成危害。

(五)维生素

运动员在参与运动训练的过程中,由于机体的物质代谢得到加强,因此对维生素的需要量也会随之增加,所以及时补充维生素对于维持人体健康,参加体育运动来说是尤为重要的。

对于运动者而言,无论是水溶性维生素还是脂溶性维生素,缺乏都可以导致运动能力降低,产生维生素不足的症状。诸如运动能力减弱、抵抗力下降、感到倦怠、无力、食欲下降、头晕、便秘、注意力不集中、烦躁、疲劳等症状。

(六)矿物质

人体在参与运动的过程中,会消耗掉大量的能源物质,而随着运动训练的不断进行,运动者体内的矿物质含量及其活动变化也会受到一定程度的影响,不同矿物质在不同运动状态下的消耗、活动变化不同。结合与运动的密切关系程度,下面主要分析一下运动员运动过程中钙、铁、锌三种矿物质的代谢变化情况。

1.运动中钙的消耗及其生理变化

运动员在参与运动训练的过程中,机体大量出汗会丢失大量的钙。因此,对于运动人群来讲及时补充钙离子有助于运动能力的保持和加快钙离子的恢复速度。钙营养的平衡对保持运动能力的作用非常重要。钙缺乏可引起肌肉抽搐,长时间钙摄入不足会导致骨密度降低。因此说,坚持参加运动训练可促进钙在骨骼的沉积,增加骨的密度。

2.运动中铁的消耗及其生理变化

大量的理论与运动实践证明,运动员长期参加运动训练会使机体组织内储存铁的含量明显下降、导致机体对铁的吸收率降低。人体的汗液中含有一定量的铁,运动训练会使运动员汗液中排铁量增加,此外,运动训练还能在一定程度上破坏红细胞,红细胞的代谢加快说明运动机体对铁的需要量增加,因此,及时补充铁是运动员训练所必需的。

3.运动中锌的消耗及其生理变化

大量的实践充分表明,运动员坚持长期参加运动训练,可以在很大程度上影响锌的代谢,引起机体锌的重新分布。据研究发现:短时间、大强度的无氧或缺氧运动,可以使血清中锌的含量升高;而长时间有氧运动后血清中锌的含量会下降。血清中锌升高的原因可能是剧烈运动导致肌肉出现损伤,锌从肌肉细胞中溢出入血,或是机体锌需求量增加,将锌通过从血液向需要锌的组织器官转移,使锌出现重新分布。长时间的运动,运动过程中的锌代谢速度较快、排汗、排尿增多、膳食锌吸收率下降等,可导致运动者体内血清锌含量水平较低。

三、高水平运动员营养素的补充

运动员在长期的运动训练中,会消耗掉大量的体力,各种营养素也会缺失,如果营养补充不及时,身体机能就无法在有效的时间内得到恢复,机体也就无法承担大强度的运动训练,有时甚至还可能会发生运动损伤。由此可见,加强运动训练期间的营养补充是极为重要的。

(一)基本能量需求

运动员参加运动训练需要大量的能量,因此在运动训练期间,运动员必须要有足够的能量摄入以满足机体的需求,否则就容易导致运动损伤。因此,运动员如果在训练中能量摄入不足,不仅会影响运动训练的顺利进行,同时还会影响身体健康。这要引起运动员的高度重视。

一般情况下,受运动员自身素质、运动训练负荷等因素的影响,运动员的能量消耗存在着一定的差异,因此,参加运动训练的运动员一定要将这些因素考虑进去,要结合自身的具体实际和特点制定营养补充的方案和计划。在制定营养补充计划前,首先就要评定运动员的能量营养情况,其中监测体重的变化情况时最为常用的手段。通常来说,在能量摄入量与消耗量相等时,运动员的体重保持稳定;如果摄入能量大于消耗量,运动员的体重则会出现增加的情况;相反,体重则会减轻。如果运动员的体重和体脂同时增加,则表明运动量不足或摄入能量过多,这不仅对运动训练不利,同时还影响身体健康。如果运动员的体重增加而体脂不变或减少时,表明运动员瘦体重增加,运动能力也会得到一定程度的提高。而当体重和体脂均减少时,就要结合自己的训练情况认真分析运动量是否过大、营养摄入是否不足等。一般来说,运动员能量摄入不足的原因常常是大运动量的训练后而没有及时的补充营养所致,除此之外,运动员在采取相关措施和手段控制体重时,也会造成营养不良的现象。

在经过长期的运动训练后,运动员往往会出现胃肠道功能下降,食欲减退的现象,这非常不利于运动员的营养补充,在这样的情况下,运动员可以采取合理加餐的方式,或者合理使用运动饮料来补充必需的能量。

(二)糖的补充

糖是参与构成机体的重要物质,它具有促进蛋白质的吸收利用,促进 ATP 的形成等重要作用。对于运动员而言,糖是最为理想的能源,它具有耗氧量小、供能效率高等特点,是运动中有氧、无氧供能的主要能源物质。另外,糖也是人体大脑的主要能源物质,充足的糖能维持人体中枢神经的兴奋,保证机体活动的正常进行,由此可见,不管是在正常生活中还是运动训练中,糖的摄入量一定要充足。

运动员在参加运动训练的过程中,如果糖摄入不足就会影响运动训练的顺利进行。一般情况下,摄入人体内的碳水化合物主要是以糖原的形式贮藏在肌肉和肝脏中的,在运动训练的过程中,血糖会被大量消耗,这时机体就会分解糖原来提供运动训练所需的能量。因此,如果机体有充足的糖原储备就可以推迟运动疲劳的发生,进而保证运动员训练的质量和水平。大量的研究与实践表明,在进行大强度的运动训练时,运动员可通过保持较高的糖原水平来增长自己的耐力。但需要注意的是,充足的肌糖原储备能维持较长时间的运动训练,但并不代表能增加运动员的速度,这一点一定要搞清楚。

综上所述,充足的糖原储备对于运动员参加运动训练来说非常重要,运动员在训练期间一定要注意及时补充糖,以满足机体参与运动训练的需要。首先,运动员应该摄入碳水化合物含量丰富的食物,如面包、谷类、面食、稻类、水果、蜂蜜等。其次,在运动前、中、后均应补充必要的糖分,最好摄入含有糖的运动饮料。一般来说,运动前补糖可以提高运动员机体内糖原的储备,运动中补糖有利于保持血糖浓度,延缓运动疲劳,运动后补糖有助于糖原的快速合成,从而促进体能的及时恢复。

(三)蛋白质的补充

对于一名高水平运动员而言,保持瘦体重和肌肉力量至关重要,这对于提高运动员的训练水平是非常有利的。运动员在参加运动训练的过程中,要进行大运动量的耐力和抗阻力训练,因此需要大量的蛋白质,一般来说,运动员机体的蛋白质需求量至少应达到 $1.2\sim2.0$ 克/千克以上。如果蛋白质摄入不足,运动员的力量素质就不能得到有效的提高,有时甚至可能发生运动性贫血,从而影响训练的效果和质量。运动员要想保证机体对蛋白质的正常需求,在日常训练中,要多食用一些蛋白质含量丰富的食物,如鸡蛋、肉类、鱼虾、豆制品、奶制品等。需要注意的是,猪肉、烤鸭等食物中虽然蛋白质含量也不低,但这些食物中脂肪含量较高,运动员过多摄入不利于运动训练的顺利进行,因此,在食用此类食物时要十分谨慎。

当前有一部分运动员存在着肉即营养的错误观念,这种观念导致运动员蛋白质摄入过多这也不利于运动训练的正常进行。适宜的蛋白质摄入量有利于运动员的训练和比赛,而摄入过多则能带来严重的负面影响,首先是引起体液酸化,体内酸生代谢产物堆积,导致疲劳过早出现;其次是导致肝肾负担加重,影响身体健康;再次蛋白质摄入过多还会影响运动员运动能力的提高;最后,蛋白质摄入过多就意味着其他营养素的摄入不足,导致营养缺失,这也不利于运动员的运动训练。

(四)脂肪的补充

运动员要想提高自己的训练水平,维持良好的训练状态,就需要在饮食中控制脂肪的摄入量,如果脂肪摄入过多就会使运动员体内丙酮酸、乳酸浓度增加,使血流缓慢,从而影响氧的供给,进而影响运动能力的提高,因此控制饮食中脂肪的补充也是非常重要的。

对于运动员来说,饮食中的脂肪供能比例占总热能的 25%~30% 即可。但对于一些运动消耗较大的运动项目,如游泳等来说,可以适当地增加膳食中脂肪的摄入量,因为游泳运动员的热量需要量较大,而脂肪在体内代谢过程中产热量比较大,因此对于游泳运动员来说可以适当增加膳食中脂肪的摄入量,摄入量要根据运动员的身体素质而定。另外,随着运动员训练水平和运动能力的提高,脂肪的摄入量也要有所调整。

(五)维生素的补充

运动员无论是日常生活还是参加运动训练,适当地补充维生素也是非常重要的。适量的维生素有利于运动员维持自身机体的正常代谢水平,反之则会引起运动功能的紊乱,导致一系列不良反应。维生素,尤其是 B 族维生素对于运动员运动能力的提高具有非常重要的意义。人体摄入的碳水化合物、脂肪和蛋白质等要经过燃烧变成热能,这其中必须要有 B 族维生素的参与。运动员参加运动训练如果碳水化合物摄入不足,而 B 族维生素的缺乏将严重导致能量供应的不足,运动员就难以再继续进行训练。通常来说,维生素 C 和维生素 E 能有效抵抗运动员运动训练过程中产生的自由基对机体的损害。维生素 A 能维持运动员正常的体力,维生素 D 则有助于运动员骨骼的生长和发育。一般来说,不同的食物中都有各种不同的维生素,蔬菜和水果中维生素含量较高,因此,运动员在平时的运动训练中,应多增加蔬菜和水果的摄入量,这对于促进维生素的吸收非常有帮助。

(六)矿物质的补充

矿物质有很多种,如钾、锌、铜、铁、钙等都属于矿物质。不同的矿物质在人体内的含量不同,并且也不多,但对人体都起着非常重要的作用。钠、钾、钙、镁等对维持体液的渗透压和酸碱平衡,维持神经、肌肉细胞的兴奋性,维持体内酶的活性以及构成组织细胞等方面具有重要的作用。钙对促进人体骨骼正常生长具有重要的作用。锌、铜、铁、硒等对调节人体的物质代谢、维持正常免疫机能等具有重要的作用。对于运动员来说,运动员在参加运动训练的过程中会大量出汗,伴随着体液的丢失,矿物质也会大量的丢失掉,而矿物质的丢失会严重影响运动员训练水平和身体素质的共同提高。因此,在运动训练的过程中,运动员还要十分注意矿物质的补充。

(七)液体的补充

运动员在参加运动训练的过程中,合理地补充水分也是非常重要的。水在体温调节,氧、二氧化碳、营养物质和代谢废物的运输及各种代谢过程中发挥着不可替代的作用,因此机体适宜的水分能保证运动员运动训练的正常进行,而机体缺水,则严重影响运动员的正常训练。

运动员在参加运动训练的过程中会大量地出汗,这会导致体液的大量丢失,如果不及时补充水分,就会严重影响运动训练的进行。在运动训练中,运动员应该及时地补充水分,以保证机体的正常需要。但需要注意的是,运动员不能把口渴作为补充水分的标准,因为运动员在感到口渴时,说明就已经进入了脱水的状态,这时再补水就显得"为时已晚",这对于运动训练是非常不利的,因此补水一定要及时。

运动员在参加运动训练期间,可以根据自己的喜好和特点选择合适的运动饮料补充水分和电解质,补充的液体最好是低渗或者等渗溶液,因为这样可以被迅速地从消化道吸收并经血液运输到体细胞。另外,水果、蔬菜汁、牛奶等都含有大量的液体和电解质,运动员可以适当地选择利用。在运动训练的过程中,运动员要想充分吸收并保持体内水分的充足,在饮用运动饮料的同时还需喝等量或 2～3 倍的白水。这样才能维持人体合理的水合状态。需要注意的是,在运动训练期间,不要喝含有咖啡因的饮料,因为咖啡因具有一定的利尿作用,而排尿则会导致机体水分的大量丢失,另外,咖啡因也影响运动员的睡眠,如果休息的质量不好,则会直接导致运动员的运动成绩下降。

总之,运动员在补水时应注意以下几个方面的要求。

第一,补液要及时,一般情况下,人体每天至少需要 2～3 升水,运动员参加运动训练要结合自己的具体实际合理补水。

第二,夏天进行运动训练会丢失掉大量的体液,需要适当增加水的摄入量。

第三,补液的温度要稍低一些,这样可以加快吸收以及增加运动员的补液次数。

第四,运动员在参加运动训练的过程中,要采用少量多次的补液方法。

第五,可采用测体重的方法来检测丢失的体液量,一般情况下,体重每下降 1 千克,需补充 1.5 升的液体。

第六,运动饮料中含有大量的碳水化合物和电解质,参加长时间的运动训练一定要备好运动饮料。

第七,头晕目眩、肌肉痉挛、口干舌燥等都是脱水的征兆,一定要及时补充水分。

第八,运动员在参加运动训练时,要养成按时补液的好习惯,采用少量多次的方式进行,这样才有利于机体的充分吸收,保证运动训练的顺利进行。

参考文献

[1]李琼志.长沙市义务教育学校体育现状与对策[D].湖南师范大学,2007.

[2]李启迪.体育教学基本理论研究[M].北京:北京师范大学出版社,2014.

[3]吴胜涛.体育教学理念创新与课程改革思考[M].北京:光明日报出版社,2014.

[4]杨文轩,张细谦,邓星华.学校体育学[M].北京:高等教育出版社,2015.

[5]蔺新茂,毛振明.体育教学内容论[M].北京:北京体育大学出版社,2014.

[6]龚坚,张新.体育教育学[M].重庆:西南大学出版社,2006.

[7]毛振明.简明体育课程教学论[M].北京:北京师范大学出版社,2009.

[8]程辉.体育新课程背景下学校体育理论研究[M].北京:科学出版社,2016.

[9]李波.体育特殊教育[M].南京:南京大学出版社,2016.

[10]田麦久.运动训练学[M].北京:高等教育出版社,2006.

[11]刘青.运动训练管理教程[M].北京:人民体育出版社,2007.

[12]肖涛.运动训练学[M].重庆:重庆大学出版社,2016.

[13]张颖.现代运动训练分析与常见项目实践指导[M].北京:中国水利水电出版社,2016.

［14］黄潇潇.基于战略管理的运动训练管理模式研究［D］.山东大学,2012.

［15］曹青军.运动训练理论与实践［M］.北京:北京理工大学出版社,2010.

［16］石磊,葛新发.运动选材概论［M］.济南:山东人民出版社,2009.

［17］杨发明.运动训练［M］.郑州:河南科学技术出版社,2014.